LUNA KYUNG

EASY KOREA

LUNA KYUNG

EASY KOREA

Koreanische Küche Schritt für Schritt

riva

INHALT

Willkommen in der koreanischen Küche 7
Kurze Geschichte der koreanischen Küche 8
Utensilien und Geschirr 11
Die wichtigsten Zutaten 14

SAUCEN UND BRÜHEN 21
Rinderbrühe 22
Sardellen-Algen-Brühe 22
Reiswasser 23
Saucenrezepte 23

APPETITHÄPPCHEN UND SUPPEN 25
Algenchips 26
Tintenfischhappen mit Frühlingszwiebeln 28
Gegrillte Eryngii-Pilze 30
Getrocknetes Rindfleisch mit Sojasauce 33
Rindfleischsuppe mit Algen 34
Kalte Gurkensuppe 36
Schwarze Sesam-Reis-Suppe 38
Scharfe Suppe mit Rind und Gemüse 40

REIS UND NUDELN 43
Weißer Reis 44
Reis mit in fünf Farben (*Bibimbap*) 46
Algenröllchen mit Reis (*Gimbap*) 48
Nudeln mit Rindfleisch und Gemüse 52
Reisnudeln mit süßscharfer Sauce 54
Kalte Nudelsuppe mit Sojamilch 56
Teigtaschen mit Fleisch 58

FERMENTIERTES, TOFU UND EIER 61
Kimchi 62
Kimchi aus Chinakohl mit Chili (*Baechu kimchi*) 64
Weißer Kimchi 68
Kimchi mit Birnen 69
Gurken-Kimchi 72
Eingelegter Rettich mit Sojasauce 74
Bratreis mit Kimchi 76
Tofuragout mit fermentierter Sojapaste 78
Geschmorter Tofu mit scharfer Sauce 80
Omelettrolle 82
Mungobohnenbratlinge 86

FLEISCH, GEFLÜGEL UND MEERESFRÜCHTE 89
Mariniertes, gegrilltes Rindfleisch (*Bulgogi*) 90
Beefsteak Tatar auf koreanische Art 92
Pikant mariniertes Schweinefleisch 94
Schweinebauch und Gemüse vom Grill 96
Gebratenes Hähnchen mit scharfer, süßsaurer Sauce 98
Ginsenghähnchen 100
Gegrillte Makrelenfilets 102
Eierkuchen mit Meeresfrüchten 104
Fondue mit Pilzen und weißem Fisch 106

GEMÜSE 109
Namul 110
Banchan 110
Spinat mit Sesam 112
Sojasprossen mit Sesam und Chili 114
Gedünsteter Rettich 116
Farnsprossen mit heller Sojasauce 119
Schmorkartoffeln mit Sojasauce 120
Zucchini im Eimantel 122

SÜSSES UND GETRÄNKE 125
Kaltschale mit Yuzu 126
Kleine Küchlein mit Blüten 128
Konfekt zum Tee (*Dasik*) 130
Kleine Hefepfannkuchen 133
Zerstoßenes Eis mit Erdbeeren 134
Kakipunsch mit Wintergewürzen 138
Smoothie mit Reisbier und Banane 139
Tee aus fermentierten Quitten 140
Tee aus geröstetem Getreide 141

Online-Shops 142
Dank 142
Über die Autorin 143

어서오세요 !*

*Willkommen!

LUNA KYUNG ist Koreanerin. Sie hat sich auf Kimchi und die Fermentation von Lebensmitteln spezialisiert, ein Buch* über dieses Thema geschrieben und berät koreanische Gastronomen in Frankreich. Ihr besonderes Interesse gilt den mannigfaltigen kulturellen Aspekten des Kochens. Ihr Blog *La table de Diogène est ronde* informiert umfassend über die koreanische Küche (in französischer Sprache). Dort stellt sie Rezepte und kulinarische Besonderheiten aus ihrem Heimatland und aus anderen asiatischen Ländern vor.

Willkommen in der koreanischen Küche

Abgesehen von einigen wenigen Gerichten wie Bibimbap, Bulgogi und Kimchi ist die koreanische Küche in Deutschland weitgehend unbekannt. In diesem Buch kannst du 50 klassische Gerichte kennenlernen. Wer die koreanische Küche bereits kennt und liebt, wird hier auf jeden Fall seine Lieblingsrezepte wiederfinden. Für alle anderen ist dieses Buch eine gute Gelegenheit, die Küche Koreas zu entdecken.

Koreanische Gerichte sind frisch und schmackhaft. Durch die großzügige Verwendung von saisonalem Gemüse kommt sie unserem wachsenden Bedürfnis nach gesunder Ernährung entgegen. Spitzenköche entdecken fermentierte Lebensmittel neu, und die Wissenschaft bestätigt immer wieder, dass sie überaus gesund sind. Ich freue mich, mit diesen Rezepten mehr Menschen Einblick in die Küche meiner Heimat zu geben, in der gerade fermentierte Lebensmittel traditionell einen hohen Stellenwert haben.

* Luna Kyung und Camille Oger: *L'Art de Fermentation,* Éditions La Plage

Kurze Geschichte der koreanischen Küche

Wie und was isst man in Korea?

Die heutige Küche Koreas steht in engem Zusammenhang mit der historischen und sozialen Entwicklung des Landes.

Im Laufe seiner Geschichte war Korea verschiedenen kulinarischen Einflüssen ausgesetzt. Der Taoismus führte eine philosophische Sicht auf die Ernährung ein, der Buddhismus wiederum hinterließ eine bedeutende vegetarische Tradition, während durch den engen Austausch mit den Nomadenvölkern Nord- und Zentralasiens viele Fleischgrillgerichte ins Land kamen.

Ein Grundpfeiler der koranischen Küche ist der Geschmack von fermentierten Sojabohnen. Deren Heimat ist die Mandschurei, die auch das Land des alten koreanischen Königreichs ist. Fermentierte Lebensmittel spielen also seit jeher in der kulinarischen Tradition Koreas eine wichtige Rolle.

Zu Beginn des 20. Jahrhunderts erlebte Korea eine bewegte Geschichte: Die japanische Besatzung, der Koreakrieg und die anschließende rasante wirtschaftliche Entwicklung des Landes haben die Essgewohnheiten stark verändert.

Koreaner, Männer wie Frauen, arbeiten viel und die meisten von ihnen leben in den großen Städten. Gemeinsame Mahlzeiten mit Arbeitskollegen haben einen höheren Stellenwert als in Europa, was für eine sehr dynamische Entwicklung der Gastronomie gesorgt hat. Vor allem Catering-Angebote und Lieferdienste werden häufig in Anspruch genommen.

Obwohl der Lebensrhythmus hektisch ist, stehen Essen und Geselligkeit im Zentrum der koreanischen Kultur. Heute ist es vor allem den Menschen in den Großstädten wichtig, sich mit anderen zum Essen an den Tisch zu setzen. Das war nicht immer so. In früheren Zeiten saß man an einem Einzeltisch oder es wurde beim Essen jedenfalls nicht gesprochen.

Während der Besatzungszeit und des Krieges war dies aufgrund der Materialknappheit nicht mehr möglich, da die Zubereitung einer traditionellen Mahlzeit viel Geschirr erforderte: eine Schüssel für den Reis, eine andere für die Suppe, viele Schalen mit Banchan (kleine Beilagen zum Reis) ... Und all diese Teilgerichte sollten allen Gästen gleichzeitig serviert werden.

Heutzutage steht oft nur ein Gericht auf dem Tisch, das sich alle teilen. Viele Gerichte werden sogar von den Gästen selbst direkt am Tisch zubereitet, was mit der geselligen Atmosphäre eines westlichen Fondues vergleichbar ist.

Das gemeinsame Essen steht auch für Ruhe und Tradition, und dies empfinden viele Koreaner angesichts des rasanten gesellschaftlichen Wandels als angenehm beruhigend.

Onggi aus Keramik
Schale, Löffel und
Stäbchen aus Metall
Dasik-Form
Dämpfeinsatz

UTENSILIEN UND GESCHIRR

Utensilien und Geschirr

Geschirr

Bei einem Essen nach koreanischer Art wird jedes noch so kleine Gericht auf einem separaten Teller serviert, was eine Menge Geschirr bedeutet. Traditionell wird im Sommer Porzellan und im Winter Bronze verwendet, da Metall die Wärme besser hält. Seit den 1970er-Jahren wurde Bronze auf Empfehlung des Staates aus wirtschaftlichen und praktischen Gründen durch Edelstahlgeschirr ersetzt.

Messer

In der koreanischen Küche werden die Zutaten gründlich vorbereitet und dabei meist in mundgerechte Stücke geschnitten. Darum ist ein scharfes Messer in der Küche unerlässlich.

Essbesteck

In Korea werden Stäbchen und Löffel immer zusammen verwendet. Der Löffel ist kleiner und flacher als im Westen übliche. Koreanische Essstäbchen heben sich durch zwei Besonderheiten von anderen Essstäbchen ab: Sie sind auffallend schlank und bestehen aus Metall.

Knoblauchpresse oder Mörser

Knoblauch ist in den meisten Rezepten enthalten. Daher ist eine stabile Knoblauchpresse unverzichtbar. Alternativ kann ein Mörser verwendet werden, mit dem man auch frisches rotes Chilipüree für Kimchi herstellen kann. Dieses Chilipüree eignet sich auch gut als Ersatz für *Gochugaru* (koreanische Chiliflocken).

Tragbarer Kocher

Manche Gerichte wie gegrilltes Fleisch oder Jeongol, Ragouts und Fondues, werden direkt am Tisch zubereitet. Das hat verschiedene Vorteile: Man sieht, wie frisch die Zutaten sind, und man kann nach Belieben die Zusammenstellung und Menge bestimmen.

Grillplatte

Neben flachen Platten gibt es auch gewölbte, die besonders praktisch zum Grillen von fettem Fleisch wie Schweinebauch sind, da das austretende Fett in den Rillen gesammelt wird. Ersatzweise kann eine herkömmliche Pfanne oder Grillpfanne verwendet werden.

Onggi

Als Onggi werden Behälter aus Steingut oder Keramik bezeichnet. Sie haben die Besonderheit, dass sie dem Inhalt einen Gasaustausch (Atmung) ermöglichen, und sie eignen sich besonders gut für die Fermentierung von Kimchi und Würzmittel aus fermentiertem Soja. Sie sind in verschiedenen Größen erhältlich. Meist werden aus Platzgründen eher kleinere Modelle verwendet.

Behälter zum Fermentieren

Traditionell wurden Onggi als Gärbehälter verwendet, heute benutzen die meisten Koreaner Behälter aus Glas oder Kunststoff. Besonders effizient sind Gläser mit Gummiring und Klammerverschluss.

Dasik-Form

Sie wird zum Formen von gezuckertem Teig (Teegebäck) benötigt.

Dampfkorb

Er wird vor allem zum Dünsten oder Dämpfen von Teigtaschen oder Klebreis verwendet.

Die wichtigsten Zutaten

Der charakteristische Geschmack der Küche eines Landes wird in erster Linie durch die Würze geprägt.
In der koreanischen Küche wird statt Salz meist Sojasauce verwendet. Es gibt verschiedene Arten von Sojasauce. Helle Sojasauce schmeckt mild, dunkle dagegen ist intensiv und kann den Geschmack eines Gerichts dominieren.
Wie das Bouquet garni in der französischen Küche wird in Korea das Dreigespann aus Frühlingszwiebel, Knoblauch und Sesam (in Form von Öl oder gerösteten Samen) in sehr vielen Gerichten verwendet und gibt ihnen den typisch koreanischen Geschmack. Nicht zu vergessen ist die rote Chilischote, ebenfalls eine wichtige Zutat koreanischer Speisen und unerlässlich für die Zubereitung von Kimchi.
Die meisten dieser Zutaten kann man in asiatischen Lebensmittelgeschäften kaufen. Da das Interesse an asiatischen Rezepten zunimmt, bieten auch immer mehr Supermärkte ein mehr oder weniger umfangreiches Sortiment an. Besondere Zutaten, die in deiner Umgebung nicht angeboten werden, kannst du online bestellen.

Würzsaucen und -pasten

Sojasauce (*Ganjang*), fermentierte Sojabohnenpaste (*Doenjang*) und fementierte Gewürzpaste mit Chili (*Gochujang*) sind die bekanntesten. Auch fermentierte Fischsauce wird häufig verwendet, vor allem in Regionen, die an der Küste liegen.

Knoblauch und Frühlingszwiebel

Die Koreaner sind eifrige Knoblauchkonsumenten und scheuen sich nicht, auch mal kräftig zuzugreifen. Die Frühlingszwiebel dient als Geschmackszutat, aber auch als hübsche Garnierung. Beide Zutaten werden wegen ihrer geschmacksverstärkenden Wirkung geschätzt, sind aber in buddhistischen Gerichten tabu, weil sie angeblich fleischliche Gelüste wecken.

Geröstetes Sesamöl und Perillaöl

Viele koreanische Gerichte erkennt man an dem köstlichen Geruch von geröstetem Sesamöl. Es ist fast so allgegenwärtig wie Olivenöl im Mittelmeerraum. Im Ausland weniger bekannt ist *Perillaöl*, das aus den gerösteten Samen der Pflanze Perilla (Shiso) gepresst wird.
Im Gegensatz zu Sesamöl wird Perillaöl fast ausschließlich in Korea verwendet und ist in anderen asiatischen Ländern kaum bekannt. Perillaöl ist für seinen hohen Gehalt an Omega-3-Fettsäuren bekannt, der sogar noch höher ist als der von Leinöl. Beide sind hocharomatisch und werden daher nur in geringen Mengen zum Würzen verwendet. Zum Kochen empfiehlt es sich, sie mit anderen Pflanzenölen zu mischen.

Sesam

Ganze oder gemahlene Sesamkörner werden über viele Gerichte gestreut. Sesam wird ganz oder geschält verwendet. Geschälten Sesam erkennt man an seiner hellen Farbe und einem öligen Glanz.

Gemüse

Die meistverwendeten Gemüsearten in Korea sind Kohl und weißer Rettich. Beide schmecken zu Beginn des Winters am besten.
Das Gemüse für die Rezepte in diesem Buch ist normalerweise in asiatischen Lebensmittelgeschäften erhältlich. Du kannst es in vielen Fällen aber durch einheimisches Gemüse der Saison ersetzen, z. B. Zucchini oder Gurken.

Chili

Dieses Gewürz gelangte erst vor 400 Jahren nach Korea, gehört dort heute aber zu den meistverwendeten Gewürzen. Ob frisch, als Flocken, Pulver oder auch als Fäden – Chili wird in allen Formen geschätzt. Die häufigste Sorte ist Cheongyang, dessen Schärfe etwa zwischen Piment d'Espelette und Cayennepfeffer einzuordnen ist.

Reisessig

geröstete Algenblätter

Gochugaru (Chiliflocken)

gerösteter Sesam

geröstetes Sesamöl

frische Algen

Perillaöl

gelbe Sojabohnen

Rundkornreis

dunkle Sojasauce

getrockneter Farn

Gochujang (Gewürzpaste)

helle Sojasauce

Miyeok-Algen

Yuya-cheong

schwarzer Sesam

geschälte Mungobohnen

Glasnudeln aus Süßkartoffelstärke

weiche Weizennudeln

Doenjang (fermentierte Sojabohnenpaste)

Fischsauce

Chilis

eingeweichte Farnsprossen

Frühlingszwiebeln

Chinakohl

weißer Rettich

Kakis

Danmuji (eingelegter Rettich)

Reisnudeln

getrocknete Jujube
(rote Datteln)

getrocknete Shiitake

getrocknete Kakis

Sojasprossen

Pilze (Eryngii und Enoki)

Tofu

Nashi-Birnen

Sojabohnenpaste zum Dippen
(Ssamjang)
Dip mit Sojasauce
(Yangnyeom Ganjang)
Süßsaure, scharfe Sauce
(Cho Gochujang)
Sojasauce mit Essig
(Cho Ganjang)
Salz mit Sesamöl
(Gileumjang)

SAUCEN UND BRÜHEN

Rinderbrühe

YUKSU

Einweichzeit: 1 Stunde
Garzeit: 1,5 Stunden

Ergibt 2,5–3 l
450 g Rinderbrust
4,5 l Wasser sowie Pfeffer (nach Belieben)
120 g Frühlingszwiebeln oder Lauch
4 Knoblauchzehen

1. Das Fleisch am Stück 1 Stunde in reichlich Wasser einweichen, um das Blut auszulaugen. Gut abtropfen lassen.

2. 4,5 l frisches Wasser in einen großen Topf geben und das Fleisch hineinlegen. Bei starker Hitze aufkochen, dann auf mittlere bis niedrige Stufe herunterschalten und das Fleisch abgedeckt 1 Stunde garen.

3. Die Frühlingszwiebel putzen, die Knoblauchzehen abziehen. Lauch (falls verwendet) in große Stücke schneiden.

4. Das Gemüse in die Brühe geben und zugedeckt weitere 30 Minuten köcheln lassen.

5. Das Fleisch herausnehmen und die Brühe durch ein feines Sieb gießen.

6. Das Fleisch kann in Scheiben geschnitten oder zerpflückt und dann für ein anderes Gericht verwendet werden.

Dies ist eine echte Basisbrühe, die für die meisten warmen und kalten Suppen verwendet werden kann. Für kalte Suppen sollte sie jedoch entfettet werden.

Sardellen-Algen-Brühe

DASIMA YUKSU

Einweichzeit: 2–5 Stunden
Wartezeit: 1 Stunde
Garzeit: 30 Minuten

Ergibt 3 l
50 g getrocknete Shiitake
30 g Dasima (Kombu)
30 g getrocknete Sardellen, alternativ Sardinen (nach Belieben)
3,3 l Wasser
120–180 ml helle Sojasauce

1. Die Pilze 2–5 Stunden in Wasser einweichen, bis sie gut aufgequollen sind. In dünne Scheiben schneiden.

2. Den Dasima mit einem sauberen, feuchten Tuch abwischen. In großen Stücken belassen.

3. Alle Zutaten in einen großen Topf geben und mit geschlossenem Deckel bei starker Hitze aufkochen. Den Herd ausschalten und mit geschlossenem Deckel 1 Stunde ziehen lassen.

4. Dasima und Fisch aus der Suppe nehmen. Die helle Sojasauce zugießen.

5. Die Suppe bei mittlerer Hitze wieder zum Kochen bringen und 20 Minuten köcheln lassen. Abkühlen lassen und durch ein feines Sieb gießen.

Diese Brühe wird in Suppen mit Fisch und Meeresfrüchten sowie in warmen Nudelsuppen verwendet. Den getrockneten Fisch kannst du auch weglassen, so erhältst du eine köstliche vegetarische Brühe.

Reiswasser

SSALTEUMUL

1. Schütte das Wasser vom Reiswaschen nicht weg, das kann man noch verwenden. Es ist zwar keine Brühe im eigentlichen Sinne, aber es kommt in verschiedenen Rezepten anstelle von frischem Wasser zum Einsatz und wird auch zum Waschen bestimmter Lebensmittel verwendet.

2. Den Reis in einer großen Schüssel abspülen. Das Wasser der ersten und zweiten Spülung wegschütten. Die Schüssel zum dritten Mal mit frischem Wasser füllen und den Reis kräftig reiben. Das relativ trübe Wasser abgießen und auffangen. Danach den Reis weiter abspülen, dabei das Wasser noch 2-mal wechseln.

Dieses Wasser wird bei der Zubereitung von Eintöpfen mit fermentierter Sojabohnenpaste verwendet. Die Stärke bewirkt, dass Flüssigkeiten leicht gebunden werden. Gelegentlich verwendet man es auch für gedünstetes Gemüse.

Saucen

Ergibt jeweils ca. 100 ml

Dip mit Sojasauce

YANGNYEOM-GANJANG

5 EL Sojasauce
1 EL Honig
1 EL geröstetes Sesamöl
2 TL gehackte Frühlingszwiebel
1 TL zerdrückter Knoblauch
1 TL gerösteter Sesam

Für Bibimbap und Gerichte mit Tofu (natur)

Sojasauce mit Essig

CHO-GANJANG

30 ml Sojasauce
30 ml Reisessig
30 ml Wasser

Zu frittierten Speisen und Teigtaschen

Sojabohnenpaste zum Dippen

SSAMJANG

5 EL Doenjang (Sojabohnenpaste)
2½ EL Gochujang (Gewürzpaste)
1 EL Sesamöl
1 EL Wasser
½ EL Zucker
2 TL zerdrückte Sesamkörner
1 TL gehackter Knoblauch

Zu gegrilltem, mariniertem oder naturbelassenem Fleisch sowie zu Sesam (in Salatblätter eingerollte Reisbällchen).

Soja-Chilisauce

YANGNYEOM-GOCHUJANG

80 g Gochujang (Gewürzpaste)
30 ml Wasser
1 EL Zucker
1 EL geröstetes Sesamöl
2 TL Sojasauce

Für Bibimbap

Süßsaure, scharfe Sauce

CHO-GOCHUJANG

3 EL Gochujang (Gewürzpaste)
3 EL Reisessig
1½ EL Zucker
1 EL Wasser

Zu Gerichten mit rohem Fisch oder Meeresfrüchten

Sesamöl mit Salz

GILEUMJANG

1 EL Fleur de Sel
1 EL Sesamöl
Pfeffer

Zu nicht mariniertem, gegrilltem Fleisch und gegrillten Pilzen

APPETITHÄPPCHEN UND SUPPEN

In Asien stehen Suppen und Brühen hoch im Kurs, darum gehören sie zu fast jeder Mahlzeit. Während in anderen Ländern die Gänge nacheinander serviert werden, kommt in Korea alles gleichzeitig auf den Tisch – Vorspeise, Hauptgericht und Nachtisch. Flüssige Speisen wie Brühe, Suppe oder Eintopf werden also zusammen mit den anderen Gerichten serviert. Reis und Brühe bilden den zentralen Teil einer koreanischen Mahlzeit.

Suppe wird in Asien normalerweise extrem heiß verzehrt, was aus ernährungsphysiologischer Sicht allerdings nicht sehr empfehlenswert ist.

Kleine Vorspeisen oder Appetithäppchen werden traditionell zu alkoholischen Getränken gereicht. In vielen Fällen handelt es sich dabei um Zubereitungen aus getrockneten Produkten. Neben der Fermentation ist das Trocknen eine häufig angewandte Methode zur Konservierung von Lebensmitteln. Alle Arten von Meeresfrüchten, Fleisch und Pflanzen – manchmal mit Gewürzen – gibt es in getrockneter Form. Das Trocknen war ursprünglich eine einfache Konservierungsmethode, die ohne viel Technik auskommt, wird aber heute noch geschätzt, weil es den Produkten einen speziellen, intensiven Geschmack gibt.

Vorbereitung: 5 Minuten
Garzeit: 5 Minuten

Für 4 Personen

6 *Kim* (rohe, nicht geröstete Noriblätter)
2 EL Perillaöl oder geröstetes Sesamöl
feines Salz

Algenchips

KIM-GUI

Diese Chips sind ein sehr beliebter koreanischer Snack. Sie sind leicht, schmecken sehr gut und sind außerdem ausgesprochen gesund.

1. Die Noriblätter nacheinander auf ein sauberes Küchenbrett legen, gleichmäßig dünn mit dem Öl einpinseln und mit Salz bestreuen.

2. Eine Pfanne ohne Fett gut erhitzen und die Noriblätter einzeln von jeder Seite einige Minuten rösten, bis sie durchsichtig grün werden. Dabei die Blätter mit einem Spatel an den Pfannenboden drücken. Aus der Pfanne nehmen, bevor sie verbrennen. Die Blätter mit einer Schere in Achtel schneiden und servieren.

Vorbereitung: 30 Minuten
Garzeit: 3 Minuten

Ergibt 40 Stück

350 g Frühlingszwiebeln
300 g Tintenfisch
1 EL Pinienkerne
Salz

Sauce *Cho Gochujang*
Rezept auf Seite 23

Tintenfischhappen mit Frühlingszwiebeln

OJINGEO PA GANGHOE

1. Die Wurzeln von den Frühlingszwiebeln entfernen. Die Frühlingszwiebeln waschen. Große Zwiebeln längs halbieren. In einem großen Topf 1,5 l Wasser mit 1 EL Salz zum Kochen bringen. Die Frühlingszwiebeln mit dem Grün nach unten 1 Minute ins kochende Wasser halten, dann allmählich ganz ins Wasser legen und 1–2 Minuten köcheln. Herausnehmen, unter fließend kaltem Wasser abschrecken und das Wasser vorsichtig ausdrücken.

2. 1 l Wasser in einem Topf zum Kochen bringen. Den Tintenfisch darin etwa 20 Sekunden blanchieren. Abtropfen lassen und in 4 cm lange und 1 cm breite Stäbchen schneiden.

3. Eine Frühlingszwiebel um ein Tintenfischstäbchen wickeln und verknoten. Einen Pinienkern hineinstecken. Die Wickel hübsch auf einem Teller anrichten und die Sauce dazu reichen.

TIPP

Die Zwiebeln müssen so lange gegart werden, dass sie die Schärfe verlieren und einen süßlichen Geschmack bekommen.

Wer das Rezept abwandeln möchte, ersetzt den Tintenfisch durch geschälte Garnelen oder Surimi-Sticks. Für eine vegetarische Version kannst du den Tintenfisch durch rote Paprikastreifen ersetzen.

Vorbereitung: 5 Minuten
Wartezeit: 10 Minuten
Garzeit: 15 Minuten

Für 4 Personen

6 Braune Kräuter-Seitlinge
50 ml geröstetes Sesamöl
2 TL gerösteter Sesam
Salz

Gileumjang
Rezept auf Seite 23

TIPP

Die Koreaner sind durchaus auch für westliche Einflüsse offen. Sie lieben es beispielsweise, diese Pilze mit Butter und Petersilie zuzubereiten.

Gegrillte *Eryngii*-Pilze

SESONGI-GUI

Pleurotus eryngii **heißt auf Deutsch Brauner Kräuter-Seitling. Die Pilze haben eine angenehme Konsistenz, die an Fleisch erinnert.**

1. Die Pilze der Länge nach in 3 mm dicke Scheiben schneiden. Nebeneinander auf ein Küchenbrett legen, mit Sesamöl bestreichen und mit Salz bestreuen. 10 Minuten zur Seite stellen, dann vorsichtig mit Küchenpapier abtupfen.

2. Eine Pfanne ohne Fett auf mittlerer Stufe erhitzen und die Pilzscheiben portionsweise von jeder Seite etwa 1 Minute (nach Geschmack auch länger) rösten.

3. Die Pilze auf Tellern anrichten und mit geröstetem Sesam bestreuen.

4. Sofort heiß mit *Gileumjang* servieren.

Getrocknetes Rindfleisch mit Sojasauce

YUKPO

Diese Appetithappen sind sehr beliebt zum Aperitif.

Vorbereitung: 20 Minuten
Marinierzeit: 1 Stunde
Trockenzeit: 3–5 Stunden
Garzeit: 3 Minuten

Für 4 Personen

300 g Rindfleisch aus der Oberschale
2 EL Pinienkerne
1 EL Honig
2 EL geröstetes Sesamöl

Marinade
⅔ Apfel
½ getrockneter roter Chili
⅔ TL gehackter Ingwer
3 TL Zucker
50 ml Sojasauce
1 EL Honig
Pfeffer

1. Für die Marinade alle Zutaten außer dem Apfel verrühren und in einem Topf erhitzen. Aufkochen lassen, dann vom Herd nehmen. Den Apfel in 5 mm dicke Streifen schneiden und in die noch heiße Marinade legen. Abkühlen lassen.

2. Das Fleisch in 5 mm dünne Scheiben schneiden und in die Marinade legen. 1 Stunde zur Seite stellen, zwischendurch gelegentlich umrühren.

3. Das Fleisch abtropfen lassen und in einem Dörrgerät oder im Ofen bei ca. 70 °C 3–5 Stunden trocknen. Das Fleisch sollte trocken, aber noch geschmeidig sein. Die Fleischscheiben aufeinanderlegen, in ein sauberes Tuch wickeln und mit einem Gewicht beschweren, um sie flach zu drücken. (So können sie in einem luftdicht schließenden Behälter im Gefrierfach mehrere Monate aufbewahrt werden.)

4. Die Pinienkerne zwischen 2 Blätter Küchenpapier legen und mit einem Nudelholz zerdrücken, um das Fett zu entfernen und ein trockenes Pulver zu erhalten.

5. Die Fleischscheiben auf beiden Seiten mit Sesamöl bestreichen (am besten mit den Fingern) und in einer trockenen Pfanne von jeder Seite einige Sekunden rösten. Die Fleischscheiben in 2 × 5 cm große Streifen schneiden. Ein Ende jedes Streifens mit Honig bestreichen und mit pulverisierten Pinienkernen bestreuen.

Vorbereitung: 10 Minuten
Einweichzeit: 10 Minuten
Garzeit: 25 Minuten

Für 4 Schalen

20 g getrocknete Miyeok (Braunalgen)
80 g Rindfleisch aus der Oberschale
½ l Wasser
2 TL helle Sojasauce
2 EL gehackte Frühlingszwiebel (nach Belieben)
Salz, Pfeffer

Marinade
½ TL gehackter Knoblauch
1 TL helle Sojasauce
1 EL geröstetes Sesamöl

Rindfleischsuppe mit Algen

MIYEOK-GUK

Traditionell wird diese Suppe für Frauen gekocht, die gerade entbunden haben. Sie schmeckt aber so gut, dass jeder etwas davon haben möchte.

1. Die Algen 10 Minuten in 1 l Wasser einweichen.

2. Das Fleisch in 5 mm dicke Scheiben, dann in 3 × 1 cm große Stücke schneiden.

3. Alle Zutaten für die Marinade in einer Schüssel verrühren, das Fleisch hineinlegen und 10 Minuten zur Seite stellen.

4. Die Algen abtropfen lassen und in 4 cm große Stücke schneiden.

5. Einen großen Topf ohne Fett erhitzen, das marinierte Fleisch darin bei mittlerer Hitze 2 Minuten braten, dann die Algen dazugeben und 3 Minuten unter Rühren weiterbraten. Wasser und Sojasauce zugeben und zugedeckt 20 Minuten kochen. Pfeffern und gegebenenfalls nachwürzen. Mit Frühlingszwiebeln – falls verwendet – bestreuen und servieren.

TIPP

Der Gesundheitswert dieser Suppe ist bis in die USA bekannt: Dort wird sie in einigen Entbindungskliniken im Wochenbett serviert. Miyeok ist reich an Kalzium, Eisen und Ballaststoffen, aber kalorienarm. Die Alge enthält viel Jod, ein Spurenelement, das für eine gute Gesundheit unerlässlich ist. Dennoch sollte man nicht zu viel davon zu sich nehmen. Eine Schale dieser Suppe deckt den kompletten Tagesbedarf.

Vorbereitung: 5 Minuten

Für 4 Schalen

½ roter Chili oder 30 g rote Paprikaschote
800 ml eiskaltes Wasser
3 EL helle Sojasauce
1 EL Reisessig
3 EL gehackte Frühlingszwiebel
1 TL Zucker
2 TL zerdrückter Sesam
Salz

Kalte Gurkensuppe

OI-NENGGUK

1. Die Gurke teilweise schälen, dann in 2 mm dicke und 5 cm lange Stifte schneiden. Mit Salz bestreuen.
2. Chili oder Paprikaschote in 2 mm dicke Streifen schneiden.
3. Das Wasser in eine große Schüssel gießen. Sojasauce, Essig, Frühlingszwiebeln, Zucker und Gurke zugeben. Umrühren und mit Salz abschmecken.
4. Mit Sesam bestreuen und kalt servieren.

TIPP

Der Sommer in Korea ist sehr heiß und feucht, da tut es gut, kalte Speisen zu essen. Manche Suppen werden regelrecht mit Eiswürfeln serviert, die in der Brühe schwimmen.

Wer das Aroma von Jod mag, kann rohen, gewässerten Seetang – Kim (Nori) oder Miyeok (Braunalge) – in die Gurkensuppe geben. Mit ein paar Chiliflocken schmeckt sie pikanter.

Vorbereitung: 10 Minuten
Einweichzeit: 2 Stunden
Garzeit: 30 Minuten (wenn Sesam und Reis gleichzeitig gekocht werden), ansonsten 50 Minuten

Für 4 Schalen

160 g Rundkornreis
80 g schwarzer Sesam
Salz

Zum Garnieren (nach Belieben)
Pinienkerne
getrocknete Jujube

TIPP

Nachdem du den Sesam und den Reis im Mixer zerkleinert hast, gieße beide Zutaten separat durch ein feines Sieb, um noch verbleibende Stückchen zu entfernen. Die Suppe wird dadurch samtiger und sieht auch optisch ansprechender aus.

Schwarze Sesam-Reis-Suppe

HEUKIMJA-JUK

Diese Suppe sieht schön aus und ist sehr gesund.

1. Den Reis waschen und mindestens 2 Stunden in 600 ml Wasser einweichen.

2. Den Sesam in einem Sieb waschen, um Verunreinigungen (Erde o. Ä.) zu entfernen. Abtropfen lassen, dann mit einem sauberen Tuch gut abtrocknen.

3. Den schwarzen Sesam in einer Pfanne bei starker Hitze 2 Minuten rösten, dabei ständig mit einem Holzspatel rühren. Die Temperatur allmählich bis auf die niedrigste Stufe reduzieren und weitere 10 Minuten rösten, bis die Sesamkörner zu platzen beginnen. Sobald der Sesam nussig duftet, aus der Pfanne nehmen. (Vorsicht, er verbrennt sehr schnell!). Auf einen Teller schütten und abkühlen lassen.

4. Den Sesam mit 350 ml Wasser fein pürieren und beiseitestellen.

5. Den Reis abtropfen lassen und mit 200 ml Wasser sehr fein pürieren. Den pürierten Reis mit 900 ml Wasser in einen Topf geben. Bei starker Hitze unter ständigem Rühren zum Kochen bringen, dann bei schwacher Hitze abgedeckt 20 Minuten köcheln, dabei häufig umrühren. Den Sesam zugeben und einige Minuten mitkochen. Mit Salz abschmecken.

6. Die Suppe nach Belieben mit Pinienkernen und Scheibchen von getrockneter Jujube garnieren und servieren.

Vorbereitung: 20 Minuten
Einweichzeit: 1 Nacht (Farn),
1 Stunde (Fleisch)
Garzeit: 1 Stunde 40 Minuten

Für 4 Personen

2 l Rinderbrühe (siehe Seite 22)
100 g eingeweichte Farnsprossen (siehe Seite 119)
70 ml Pflanzenöl
1 TL gehackter Knoblauch
2 EL *Gochugaru* (Chiliflocken)
100 g Austernpilze
200 g Mungobohnensprossen
150 g Frühlingszwiebeln
Salz

Gewürzsauce
1 EL gehackte Frühlingszwiebel
2 TL gehackter Knoblauch
2 TL *Gochugaru* (Chiliflocken)
2 EL helle Sojasauce
1 EL Sesamöl
2 TL Salz
Pfeffer

Scharfe Suppe mit Rind und Gemüse

YUKGAEJANG

1. Die Farnsprossen bereits am Vortag einweichen.

2. Die Rinderbrühe gemäß Rezept auf Seite 22 zubereiten. Das gegarte Fleisch zur Seite stellen.

3. Alle Zutaten für die Würzsauce miteinander verrühren.

4. Das Öl in einer Pfanne erhitzen. Den Knoblauch darin 5 Sekunden braten, dann die Chiliflocken zufügen. Sobald das Öl schäumt, die Mischung in eine Schüssel gießen. Das Öl durch ein feines Sieb gießen, auffangen und zur Seite stellen.

5. Die Pilze der Länge nach in dünne Scheiben schneiden.

6. Die Mungobohnensprossen in 500 ml kochendem Wasser mit 1 TL Salz 1 Minute blanchieren. Abgießen, unter fließend kaltem Wasser abschrecken und mit den Händen gut ausdrücken.

7. Die Frühlingszwiebeln 10 Sekunden ebenso blanchieren.

8. Das Gemüse in 5 cm lange Stifte schneiden, in eine Schüssel geben und mit der Hälfte der Würzsauce mischen.

9. Das gekochte Fleisch in Faserrichtung in 5 cm lange und 0,7 cm dicke Stifte zupfen, mit der restlichen Würzsauce sowie 2 EL des aufgefangenen Chiliöls mischen und gut durchkneten.

10. Die Rinderbrühe aufkochen. Das Gemüse darin 1 Minute kochen, dann das Fleisch dazugeben.

11. Mit Salz abschmecken. Heiß servieren, das restliche Chiliöl dazu reichen.

REIS UND NUDELN

Reis ist für die Koreaner so unentbehrlich wie Brot für die Menschen im Westen. Ohne Reis wäre auch die beste Mahlzeit nicht vollständig.

In der koreanischen Küche wird vorwiegend Rundkornreis (*Oryza sativa subsp. japonica*) verwendet. Er hat aufgrund des höheren Stärkegehalts eine zartere und klebrigere Konsistenz als Langkornreis. Aber nicht alle Rundkornreissorten sind gleich: Die in Asien angebauten Reissorten haben einen noch höheren Stärkegehalt als die Sorten, die aus Italien, Spanien oder den USA stammen. Außerdem ist koreanischer Reis relativ transparent.

Vor dem 20. Jahrhundert war Weizenmehl in Korea kaum verbreitet, darum wurden Nudeln eher aus Reis, Buchweizen und der Stärke von Knollengemüse, etwa Süßkartoffel, hergestellt. Nach dem Koreakrieg gelangte dank der internationalen Nahrungsmittelhilfe eine große Menge Weizenmehl ins Land. Seitdem sind Weizennudeln weit verbreitet, zumal sie recht preisgünstig sind. Heute essen die Koreaner mehr Nudeln aus Weizen als aus anderen Grundstoffen. Asiatische Weizennudeln werden aus Weichweizen hergestellt, während etwa Nudeln nach italienischer Art aus Hartweizen hergestellt werden.

Vorbereitung: 5 Minuten
Einweichzeit: 10 Minuten
Wartezeit: 5 Minuten
Garzeit: 10–12 Minuten

Für 4 Schalen

450 g Rundkornreis
600 ml Wasser

TIPP

Um sich ausgewogener zu ernähren, ersetzen manche Koreaner etwa 10 Prozent der Reismenge durch andere Getreidesorten: Linsen, Quinoa, Hirse etc. Größere oder härtere Körner wie Vollkornreis, Gerste, Sojabohnen oder Adzukibohnen vorkochen und dann zum Reis geben.

Weißer Reis

HIN BAP

Reis ist in Korea, wie in den meisten Ländern Asiens, ein Grundnahrungsmittel. Am besten eignet sich der kurzkörnige Rundkornreis (Japonica-Reis). Er enthält mehr Stärke als Langkornreis, hat einen leicht süßlichen Geschmack und eine klebrige Textur.

1. Den Reis 5-mal abspülen, dabei kräftig zwischen den Händen reiben. Danach 10 Minuten in 1 l Wasser einweichen und gut abtropfen lassen. In einen Topf geben und 600 ml Wasser hinzufügen. So viel Wasser nachgießen, bis es handdick über dem Wasser steht (siehe Foto). Den Deckel auflegen. Bei starker Hitze zum Kochen bringen, dann auf niedrigster Stufe köcheln, bis der Reis das Wasser vollständig aufgesogen hat. Den Herd abschalten und den Reis bei geschlossenem Deckel 5 Minuten nachquellen lassen.

2. Den Reis mit einem feuchten Spatel auflockern, dann in Portionsschalen servieren.

Vorbereitung: 20 Minuten
Garzeit: 15 Minuten

Für 4 Personen

450 g Rundkornreis
150 g Rumpsteak
4 Eier
150 g Shiitake, frisch oder eingeweicht und abgetropft
2 Zwiebeln
2 Karotten
300 g Zucchini
2 EL gehackte Frühlingszwiebel
2 TL gerösteter Sesam
Pflanzenöl
Salz, Pfeffer

Würze für das Fleisch
½ TL gehackter Knoblauch
2 TL Zucker
2 TL Sojasauce
1 TL Sesamöl
Pfeffer

Saucen nach Wahl
Dip mit Sojasauce (siehe Seite 23)
Soja-Chilisauce (siehe Seite 23)

Reis mit fünf Farben

BIBIMBAP

Unter ausgewogener Ernährung versteht man in Korea, Lebensmittel in vielen verschiedenen Farben zu essen. Bibimbap ist wohl das beste Beispiel dafür: wenig tierische, fettarme Produkte und viel unterschiedliches Gemüse. Du kannst die Beilagen individuell abwandeln, solltest aber die Farbkombination Grün, Rot, Gelb, Weiß und Schwarz anstreben, um der Optik und der Gesundheit willen.

1. Den Reis gemäß Rezept auf Seite 44 zubereiten.

2. Das Fleisch in Streifen schneiden und mit den Würzzutaten mischen. Einige Minuten marinieren.

3. Die Eier trennen. Das Eiweiß in einer Pfanne bei sehr geringer Hitze stocken lassen, nicht bräunen. In Streifen schneiden.

4. Pilze und Zwiebeln hacken, Karotten und Zucchini in Stifte schneiden. 2 TL Pflanzenöl in einer Pfanne erhitzen und die Zucchini darin 30 Sekunden braten. Salzen, pfeffern und beiseite stellen. Ebenso nacheinander die Karotten (30 Sekunden), die Pilze (2 Minuten) und die Zwiebeln (2 Minuten) braten. Die gehackte Frühlingszwiebel am Ende der Garzeit zu den Zwiebeln geben. Alle Gemüsesorten getrennt zur Seite stellen.

5. Das Fleisch in derselben Pfanne 20 Sekunden bei starker Hitze braten.

6. Den Reis in flache Schalen füllen, dann die fünf Beilagen hübsch darauf anrichten. In die Mitte jeder Portion 1 rohes Eigelb geben.

7. Mit Sesam bestreuen und die Saucen dazu reichen.

Vorbereitung: 40 Minuten
Garzeit: 25 Minuten

Für 4 Personen

450 g Rundkornreis
150 g eingelegter Rettich (*Danmuji*)
3 Wiener Würstchen
100 g Spinat
½ kleine zerdrückte Knoblauchzehe
1 EL geröstetes Sesamöl
1 TL gerösteter Sesam
2 Eier
1 Karotte
7 Kim (rohe oder geröstete Noriblätter)
Pflanzenöl
Salz, Pfeffer

Würze für den Reis
1½ EL Reisessig
1 EL geröstetes Sesamöl
1 TL Salz

Algenröllchen mit Reis

GIMBAP

Dieses Gericht lieben Kinder und Erwachsene gleichermaßen, und es wird gern zum Picknick mitgenommen. Die Füllung kannst du ganz nach Belieben abwandeln.

1. Den Reis gemäß Rezept auf Seite 44 zubereiten.

2. Den Rettich in 22 cm lange Stücke und dann in 7 mm dicke Stifte schneiden.

3. Die Würstchen in 8 mm dicke Stifte schneiden. 1 TL Öl in einer Pfanne erhitzen, die Würstchen kurz anbraten und pfeffern.

4. Den Spinat waschen, dann in einem großen Topf mit kochendem Salzwasser 2 Minuten blanchieren. Mit kaltem Wasser abschrecken, dann mit den Händen fest ausdrücken. Zerdrückten Knoblauch, Sesamöl und einige Sesamsamen zugeben, salzen und pfeffern.

5. Die Eier mit etwas Salz verquirlen und daraus in einer Pfanne mit etwas Öl ein dünnes Omelett backen. In 1 cm breite Streifen schneiden.

6. Die Karotte in möglichst lange, 3 mm dünne Stifte schneiden und in einer Pfanne mit etwas Pflanzenöl bei schwacher Hitze garen. Mit Salz und Pfeffer würzen.

7. Den gegarten Reis in eine große Schüssel geben. Die Würzzutaten zufügen und vorsichtig mit einem Spatel unterheben. Dabei wird der Reis aufgelockert.

8. Eine Sushi-Matte auf die Arbeitsfläche legen. Darauf ein Kim legen – glatte Seite nach unten. Den Reis in einer dünnen Schicht auf etwas mehr als der unteren Hälfte der Noriblattfläche verteilen. Je ⅐ der fünf Füllungen als Bündel quer in die Mitte der Reisfläche legen. Das Blatt mithilfe der Matte fest aufrollen. Die obere Kante des Noriblatts mit etwas Wasser befeuchten und gut andrücken. Mit den anderen Noriblättern wiederholen.

9. Die Rollen in 1,5 cm dicke Scheiben schneiden und vor dem Verzehr mit dem restlichen Sesam bestreuen.

TIPP

Du kannst die Würstchen durch gut abgetropften Thunfisch aus der Dose, Surimi oder gehackten Bulgogi (siehe Seite 90) ersetzen – oder für Vegetarier einfach weglassen.

Vorbereitung: 30 Minuten
Marinierzeit: 10 Minuten
Einweichzeit: 30 Minuten
Garzeit: 20 Minuten

Für 4 Personen

100 g Nudeln aus Süßkartoffelstärke (*Dangmyeon*)
60 g Rindfleisch aus der Hüfte
100 g Spinat
60 g Shiitake, frisch oder eingeweicht und abgetropft
1 kleine Zwiebel
1 kleine Karotte
1 kleine Paprikaschote, rot oder gelb
2 EL Sojasauce
2 EL geröstetes Sesamöl
2 TL Zucker
½ TL gehackter Knoblauch
Pflanzenöl
Chilifäden (nach Belieben)
Salz, Pfeffer

Würze für das Fleisch
½ TL gehackter Knoblauch
1 TL gerösteter, zerdrückter Sesam
1 TL Zucker
2 TL Sojasauce
1 TL Sesamöl aus geröstetem Sesam
Salz, Pfeffer

Nudeln mit Rindfleisch und Gemüse

JAPCHAE

Dieser koreanische Klassiker ist in aller Welt bekannt und beliebt. Du kannst auch andere Gemüsesorten verwenden oder das Fleisch weglassen.

1. Die Nudeln 30 Minuten in 1 l lauwarmem Wasser einweichen. Das Fleisch in schmale Streifen schneiden und mit allen Würzzutaten mischen. Zum Marinieren beiseite stellen.

2. Den Spinat gemäß Rezept auf Seite 112 zubereiten.

3. Pilze und Zwiebel hacken. Karotte und Paprikaschote in 4 mm dicke und 6 cm lange Streifen schneiden. 2 TL Öl in einer Pfanne auf mittlerer Stufe erhitzen und zunächst die Zwiebel 1 Minute anbraten. Salzen, pfeffern und beiseitestellen. Ebenso die Karotte (1 Minute), die Paprikastreifen (2 Minuten) und die Pilze (2 Minuten) anbraten und separat zur Seite stellen.

4. Das Fleisch in derselben Pfanne 20 Sekunden bei starker Hitze braten. Die Nudeln abtropfen lassen und in 20 cm lange Stücke schneiden. In einem Topf 200 ml Wasser mit der Sojasauce, 1 EL Sesamöl, Zucker und Knoblauch zum Kochen bringen. Die Nudeln darin bei mittlerer Hitze unter häufigem Rühren köcheln lassen, bis sie das Wasser vollständig aufgesogen haben. Den Herd ausschalten. Gemüse und Fleisch zu den Nudeln geben und alles vorsichtig mischen.

5. Mit Sesam bestreuen und nach Belieben mit Chilifäden garnieren.

Vorbereitung: 3 Minuten
Garzeit: 10 Minuten

Für 4 Personen

300 g Eomuk (auch *Odeng*; koreanischer Fischkuchen, nach Belieben)
50 g Lauch
4 hart gekochte Eier
700 g Reiskuchen (*Tteok*; fingerdicke Nudeln aus Reismehl)
800 ml Seetangbrühe (siehe Seite 22) oder Wasser
1½ EL Zucker
2–3 EL *Gochujang* (Gewürzpaste)
1–2 EL *Gochugaru* (Chiliflocken)
1 EL Sojasauce

Reisnudeln mit süßscharfer Sauce

TOPOKKI

Dieses Gericht ist in Korea als Streetfood der Renner.

1. Fischkuchen und Lauch in Stücke schneiden, die so lang wie die Reiskuchen sind. Die Eier pellen.

2. Die Reiskuchen mit Seetangbrühe und Zucker in einem Topf bei mittlerer Hitze zum Kochen bringen. Gochujang, Gochugaru, Sojasauce und Fischkuchen (falls verwendet) hinzugeben. Unter gelegentlichem Rühren ohne Deckel köcheln lassen.

3. Wenn die Sauce um zwei Drittel reduziert ist, Lauch und Eier zugeben und 20 Sekunden durchwärmen.

4. Heiß servieren.

TIPP

Je nach Geschmack kannst du mehr oder weniger Gochujang verwenden oder stattdessen Ketchup nehmen, um die Schärfe abzumildern.

Vorbereitung: 30 Minuten
Einweichzeit: über Nacht
Garzeit: 11 Minuten

Für 4 Personen

200 g ganze gelbe Sojabohnen
360 g dünne Weizennudeln
⅓ Gurke
4 Scheiben Tomate
gerösteter Sesam (nach Belieben)
Salz

TIPP

Schneller und einfacher geht es, wenn du geschälte Sojabohnen kaufst. Das Aroma wird jedoch besser, wenn man ganze Sojabohnen verwendet.

Kalte Nudelsuppe mit Sojamilch

KONG-GUKSU

Diese erfrischende, nährstoffreiche Suppe ist im Sommer sehr beliebt. Die Konsistenz kann man variieren, indem man das Verhältnis von Sojabohnen und Wasser verändert.

1. Beschädigte Sojabohnen aussortieren. Die übrigen Sojabohnen waschen und über Nacht in 1 l Wasser einweichen.

2. Die Sojabohnen abgießen und in einem Topf mit 1 l Wasser bei starker Hitze aufkochen, dann 5 Minuten köcheln lassen.

3. Abtropfen lassen und die gekochten Sojabohnen in eine große Schüssel geben. Mit kaltem Wasser abspülen, dabei zwischen den Händen reiben, um die Häute zu entfernen.

4. Die abgetropften Sojabohnen mit 800 ml Wasser fein pürieren. Durch ein feines Sieb passieren. Leicht salzen und kühl stellen.

5. 1,5 l Wasser mit 2 Prisen Salz bei starker Hitze zum Kochen bringen. Die Nudeln hineingeben und umrühren. Sobald das Wasser erneut aufkocht, 200 ml kaltes Wasser hinzufügen. Den Vorgang wiederholen und die Nudeln noch 1 Minute köcheln lassen.

6. Die gegarten Nudeln abgießen und 3-mal mit kaltem Wasser abspülen, dabei kräftig reiben. Nochmals abtropfen lassen und in große Servierschalen verteilen.

7. Den Sojadrink über die Nudeln gießen. Jede Portion mit einigen Gurkenstreifen und einer Tomatenscheibe servieren. Salz zum Nachwürzen dazu reichen.

Teigtaschen mit Fleisch

GOGI MANDU

Vorbereitung: 1 Stunde
Wartezeit: 1 Stunde
Garzeit: 7 Minuten

Ergibt 25 Stück

2 TL Pflanzenöl
100 g gehackter Lauch (weißer und zarter grüner Teil)
250 g Mungobohnensprossen
1 EL geröstetes Sesamöl
125 g fester Tofu
Salz, Pfeffer

Fleischmischung
100 g Rinderhackfleisch
100 g Schweinehackfleisch
2 Knoblauchzehen, gehackt
2 Prisen gemahlener Ingwer
1 EL Sojasauce
1 EL Sesamöl
1 EL Reiswein
Pfeffer

Teig
220 g Weizenmehl Type 550
20 g Mehl aus Klebreis
190 ml kochendes Wasser
2 TL Pflanzenöl
Salz

Sojasauce mit Essig
(siehe Seite 23)

1. Für den Teig beide Mehle und das Wasser in einer großen Schüssel mit einem Löffel verrühren, dann mit der Hand kneten, bis der Teig glatt ist. 1 Stunde abgedeckt ruhen lassen.

2. Das Pflanzenöl in einer Pfanne erhitzen und den gehackten Lauch bei schwacher Hitze glasig dünsten, aber nicht bräunen. Salzen.

3. Die Mungobohnensprossen etwa 4 Minuten in kochendem Salzwasser blanchieren, danach mit kaltem Wasser abspülen. Mit den Händen gut ausdrücken, dann in 5–7 mm lange Stücke schneiden. Mit dem Sesamöl, Salz und Pfeffer würzen.

4. Den Tofu in einem sauberen Tuch gut ausdrücken, damit er Wasser abgibt. In einer Schüssel fein zerdrücken. Salzen.

5. Alle Zutaten für die Fleischmischung in einer Schüssel vermengen. Tofu, Lauch und Sprossen zugeben und alles zu einer homogenen Masse verarbeiten.

6. Aus dem Teig einen Strang mit Ø 4 cm formen und in 25 Scheiben schneiden. Die Arbeitsfläche großzügig mit Mehl bestreuen und darauf jede Teigscheibe zu Kreisen mit Ø 7–8 cm ausrollen.

7. Auf die Mitte jeder Teigscheibe 1 EL Füllung geben. Den Rand des Teigs mit Wasser anfeuchten, die Teigscheibe über der Füllung zum Halbmond falten und den Rand in kleine Falten legen.

TIPP

Teigblätter für Rezepte dieser Art kann man auch fertig kaufen (Wan-Tan-Blätter).

8. Wasser in einem Topf bei starker Hitze zum Kochen bringen. Den Dämpfeinsatz mit perforiertem Backpapier auslegen. Die Teigtaschen nebeneinander hineinlegen und 6–7 Minuten im Dampf garen. Den Topf vom Herd nehmen. Die Teigtaschen etwas abkühlen lassen, dann aus dem Dämpfeinsatz nehmen. Heiß mit der Sauce servieren.

FERMENTIERTES, TOFU UND EIER

Wie ich bereits am Anfang dieses Buches erwähnt habe, spielen fermentierte Lebensmittel in der koreanischen Küche eine wichtige Rolle. Das bekannteste Beispiel dafür ist wahrscheinlich Kimchi. Die Koreaner fermentieren die verschiedensten Arten von Lebensmitteln, und jede Familie hat ihre eigenen Rezepte. In den Küstenregionen wird fermentierte Fischsauce genauso häufig wie Sojasauce verwendet. Auch fermentierte Schalentiere sind für manche Menschen eine Delikatesse, für die sie ihr Seelenheil opfern würden.

Sojabohnen sind reich an Nährstoffen und Proteinen, allerdings schwer verdaulich. Darum ist das Fermentieren eine geniale Methode, um sie leichter verdaulich zu machen und ihren Nährstoffgehalt voll auszuschöpfen. Tofu wird manchmal fälschlicherweise als »Sojakäse« bezeichnet. Tatsächlich handelt es sich um Sojasaft, der mithilfe von Meerwasser oder Magnesiumchlorid geronnen ist.

Kimchi

Kimchi ist der Superstar der koreanischen Küche. Dass die koreanische Küche als sehr gesund gilt, ist ihm zu verdanken, denn er besteht aus fermentiertem Gemüse.

Es gibt etwa 150 verschiedene Rezepte. Heute wird Kimchi meistens mit Kohl und weißem Rettich zubereitet, doch diese Version ist erst seit dem 18. Jahrhundert gebräuchlich. Früher war Kimchi weiß, er wurde mit Pfeffer oder Senf gewürzt, denn Chili kannte man damals in Korea nicht. Heute enthalten viele Rezepte Gochugaru (Chiliflocken).

Kimchi wird oft mit Sauerkraut verglichen, tatsächlich hat aber jede Region ihre typischen Rezepte und Varianten, insofern könnte man ihn eher mit Käse vergleichen. Wie bei Käse verfeinert sich der Geschmack von Kimchi mit der Reifung. Manche mögen ihn frisch, andere bevorzugen ihn gereift. Außerdem braucht man zu Kimchi Reis, so wie man für den optimalen Käsegenuss Brot benötigt. Die Grundregeln für fermentierte Lebensmittel sind einfach: In der ersten Phase werden sie einer gleichbleibenden Raumtemperatur ausgesetzt, in der zweiten Phase sollten sie kühl stehen.

Tipps zum Thema *Kimchi*

- Ideal sind klassische Einmachgläser mit Gummiring und Bügelverschluss.
- Wenn du Kimchi aus dem Glas entnommen hast, drücke die verbliebene Menge vorsichtig zusammen, um Kontakt mit der Luft zu minimieren. Lege aus demselben Grund ein großes Stück des fermentierten Gemüses auf die Oberfläche, um den restlichen Kimchi zu bedecken.
- Die Gewürzmengen können individuell variiert werden.
- Wie Kimchi schmeckt, hängt auch davon ab, ob man ihn zu Beginn oder am Ende einer Mahlzeit isst.

Vorbereitung: 15 Minuten
Marinierzeit: 2–4 Stunden
Fermentation und Haltbarkeit:
1 Woche bis mehrere Monate

Für 1 Glas (1 l Volumen)

700 g Chinakohl
120 g geschälter asiatischer Rettich (*Daikon*)
1 l Wasser
170 g Meersalz

Würzzutaten
30 g Frühlingszwiebeln
1 große Knoblauchzehe, gehackt
15–25 g *Gochugaru* (koreanische Chiliflocken)
½ TL Ingwer
1 EL fermentierte Fischsauce
2 TL Zucker

Kimchi aus Chinakohl mit Chili

BAECHU KIMCHI

Diese Art Kimchi wird in Korea hauptsächlich genossen, und sie ist weltweit wohl am bekanntesten.

1. **Schneiden:** Ein kleines Blatt vom Chinakohl ganz lassen, den restlichen Kohl in 3–4 cm große Stücke schneiden. Den Rettich in 5 mm dicke Scheiben schneiden.

2. Die Frühlingszwiebeln in 3 cm lange Stücke schneiden (dicke Frühlingszwiebeln längs halbieren).

3. **Einsalzen:** 150 g Salz in einen Behälter geben und in etwas Wasser auflösen. Den Kohl (auch das ganze Blatt) hineingeben und 2–4 Stunden unter gelegentlichem Umrühren stehen lassen. Dabei bildet sich Flüssigkeit, die den Kohl allmählich bedeckt.

4. Den Rettich in einer Schüssel mit 20 g Salz mischen, 20 Minuten stehen lassen, dann 10 Minuten in einem Sieb abtropfen lassen.

5. Ein fleischiges Stück Kohl aus der Flüssigkeit nehmen. Wenn es sich leicht biegen lässt, den Kohl 3-mal mit klarem Wasser abspülen, dann in einem Sieb 10 Minuten abtropfen lassen.

6. Alle Würzzutaten in einer großen Schüssel mischen. Kohl und Rettich zugeben und alles vorsichtig mit der Hand mischen.

7. **Einfüllen:** Das Gemüse in das Glas füllen, dabei zwischendurch immer wieder die Luft herausdrücken. Zuletzt das ganze Blatt auflegen. Den restlichen Saft aus der Schüssel über das Gemüse gießen, das Glas darf aber nur zu 80 Prozent gefüllt sein.

8. **Gärung:** Das Gemüse 2 Tage bei Zimmertemperatur gären lassen, dann das Glas in den Kühlschrank stellen.

9. Der Kimchi kann nach 1 Woche genossen werden, schmeckt aber nach 2–3 Wochen am besten.

TIPP

Wenn du im Handel keine koreanische fermentierte Fischsauce findest, kannst du auch Nuoc Mam (vietnamesische Fischsauce) verwenden.

Veganer können die Fischsauce durch Sojasauce ersetzen.

Kimchi kann auf verschiedene Arten gegessen werden: als Beilage zu »neutralen« Speisen wie Naturreis, Kartoffeln, Frischkäse oder Mozzarella, aber auch zu Schweinebauch oder anderem fettem Fleisch oder zu fettem Fisch.

Vorbereitung: 15 Minuten
Marinierzeit: 2–4 Stunden
Fermentation und Haltbarkeit:
1 Woche bis mehrere Monate

Für 1 Glas (1 l Volumen)

700 g Chinakohl
100 g weißer Rettich
170 g Meersalz

Würzzutaten
1 EL fermentierte Fischsauce
1 Frühlingszwiebel
60 g Nashi-Birne
1 Shiitake, frisch oder eingeweicht und abgetropft
20 g geschälte Esskastanien
1 getrocknete Jujube
½ TL gehackter Knoblauch
1 TL Pinienkerne
1 TL rote Chilifäden
etwas gehackter Ingwer

Weißer *Kimchi*

BAEK-KIMCHI

Dies ist das alte Rezept aus der Zeit, bevor Chili Korea eroberte. Wegen der edlen Zutaten kam weißer Kimchi früher hauptsächlich bei Adligen und Reichen auf den Tisch.

1. Kohl und Rettich wie für Kimchi mit Chili (siehe Seite 64) schneiden, einsalzen und abtropfen lassen.

2. 100 ml Wasser und die Fischsauce in einem Topf bei mittlerer Hitze zum Kochen bringen. Auf die Hälfte reduzieren, dann vom Herd nehmen und abkühlen lassen.

3. Die Frühlingszwiebel in 3 cm lange Stücke schneiden (dicke Frühlingszwiebel vorher längs halbieren). Die Birne in 4 mm dicke Scheiben, dann 3 × 3 cm große Stücke schneiden.

4. Pilz, Esskastanien und Jujube fein hacken.

5. Alle Würzzutaten in einer großen Schüssel verrühren. Abgetropften Kohl und Rettich zugeben und alles vorsichtig mit der Hand mischen.

6. **Abfüllen und fermentieren:** Wie bei Kimchi mit Chili (siehe Seite 64) vorgehen.

Kimchi mit Birnen

BAE KKAKDUGI

Vorbereitung: 10 Minuten
Marinierzeit: 20 Minuten
Fermentation und Haltbarkeit: 4 Tage bis 1 Monat

Für 1 Glas (500 ml Volumen)

400 g Fruchtfleisch von Nashi-Birnen (*Bae*)
1 EL Meersalz

Würze

1 mittlere Frühlingszwiebel
½ TL gehackter Knoblauch
1 EL *Gochugaru* (Chilipulver)
⅓ TL gehackter Ingwer
40 ml Wasser
2 TL fermentierte Fischsauce
½ TL Meersalz

1. Das Birnenfruchtfleisch in 1,5 cm dicke Würfel schneiden und in eine Schüssel geben. Mit 1 EL Meersalz bestreuen, vermengen und 20 Minuten stehen lassen.

2. Die Frühlingszwiebel in 1,5 cm lange Stücke schneiden (dicke Frühlingszwiebel vorher längs halbieren). Alle Würzzutaten in einer großen Schüssel mischen.

3. Die Birnenwürfel abtropfen lassen, zu den Würzzutaten geben und unterheben. Die Mischung in das Glas füllen und zwischendurch die Feststoffe nach unten drücken, damit Luft entweicht. Den restlichen Sud aus der Schüssel über die Birnenwürfel gießen.

4. **Fermentieren:** Wie bei Kimchi mit Chili (siehe Seite 64) vorgehen.

5. Im Vergleich zu anderen Kimchis ist Frucht-Kimchi meist nicht so lange haltbar. Mit der Zeit kann sich ein alkoholischer Geschmack entwickeln.

TIPP

Wähle feste Birnen. Nach dem Einschichten in Gläser sollte der Sud die Birnenwürfel bedecken. Falls die Flüssigkeitsmenge nicht ausreicht, kannst du eine 2%ige Salzlake herstellen (2 g Salz in 100 ml Wasser auflösen) und nur so viel davon über die Birnen gießen, bis die Feststoffe vollständig bedeckt sind.

Vorbereitung: 15 Minuten
Marinierzeit: 30 Minuten
Fermentation und Haltbarkeit:
1 Woche bis mehrere Monate

Für 1 Glas (1 l Volumen)

120 g plus ½ TL Meersalz
800 g kleine Gurken
1 gehäufter EL gekochter Reis (oder 15 g Weißbrot ohne Rinde)

Füllung
150 g Lauch (grüner Teil)
2 frische rote Chilis oder 50 g rote Paprikaschote
20 g Frühlingszwiebel
2 TL zerdrückter Knoblauch
2 EL *Gochugaru* (Chiliflocken)
½ TL gehackter Ingwer
1 EL fermentierte Fischsauce
2 TL Zucker

Gurken-*Kimchi*

OI-SOBAGI

1. 800 ml Wasser zum Kochen bringen und 120 g Salz darin auflösen.

2. Die Gurken waschen, in 5 cm lange Stücke schneiden und in eine große Schüssel legen. Mit dem kochend heißen Salzwasser übergießen und 30 Minuten stehen lassen.

3. Lauch und Chilis in 3 mm breite und 3 cm lange Streifen schneiden. Die Frühlingszwiebel in 3 cm lange Stücke schneiden (dicke Frühlingszwiebel vorher längs halbieren).

4. Alle Zutaten für die Füllung in einer Schüssel mischen.

5. Den gekochten Reis mit 125 ml Wasser pürieren und ½ TL Meersalz hinzufügen. Zur Füllung geben und unterheben.

6. Die Gurken 5 Minuten abtropfen lassen. Jedes Stück der Länge nach kreuzweise ein-, aber nicht ganz durchschneiden.

7. Die Füllung in die Einschnitte der Gurken schieben, dann die Gurken in das Glas schichten und gut andrücken. Den restlichen Saft aus der Schüssel über die Gurken gießen. Das Glas verschließen.

8. **Fermentieren:** Wie bei Kimchi mit Chili (siehe Seite 64) vorgehen.

Vorbereitung: 3 Minuten
Fermentation und Haltbarkeit:
1 Woche bis mehrere Monate

Für ein Glas (500 ml Volumen)

350 g weißer asiatischer Rettich (*Daikon*) mit Schale
¼ kleine Zwiebel
1 kleine Knoblauchzehe
½ getrockneter roter Chili (nach Belieben)
¼ TL gehackter Ingwer

Marinade
45 ml Wasser
40 ml Sojasauce
40 ml Reisessig
30 g Zucker

Eingelegter Rettich mit Sojasauce

MU JANGAJJI

1. Den Rettich gleichmäßig in 1 cm dicke und 6 cm lange Stifte schneiden. Die Zwiebel würfeln. Knoblauch und Chili (falls verwendet) hacken.

2. Die Rettichstifte abwechselnd mit Knoblauch, Chili und Ingwer eng in ein Glas schichten.

3. Alle Zutaten für die Marinade in einer Schüssel verrühren, dann über den Rettich gießen. Das Glas verschließen.

4. **Fermentieren:** Wie beim Kimchi mit Chili (siehe Seite 64) vorgehen.

TIPP

Als Jangajji bezeichnet man fermentiertes Gemüse – meist Knoblauch, Gurke, Rettich, Zwiebel, Melone und Bärlauch – in einer salzigen Flüssigkeit auf Basis von Sojasauce, meist mit Zucker und manchmal mit Essig verfeinert. Dieses Gemüse schmeckt gut zu gekochtem Reis. Man kann es aber auch, ähnlich wie Gewürzgurken, zu Wurstwaren oder Fleisch ohne Sauce servieren.

Bratreis mit *Kimchi*

KIMCHI BOKKEUMBAP

Vorbereitung: 5 Minuten
Garzeit: 10 Minuten

Für 4 Personen

450 g Rundkornreis
200 g *Kimchi* mit Chili, abgetropft (siehe Seite 64)
4 TL geröstetes Sesamöl
1 EL Sojasauce
2 EL *Gochujang* (Gewürzpaste, nach Belieben)
50 ml *Kimchi*-Lake
4 EL gehackte Frühlingszwiebel
4 Eier
2 TL gerösteter Sesam
4 EL zerbröselte Algenchips (siehe Seite 26)
Pflanzenöl
Salz, Pfeffer

Selbst wenn ein koreanischer Kühlschrank leer ist, findet sich fast immer noch Reis (vom Vortag) und ein Rest Kimchi. Daraus lässt sich ein leckeres Gericht zaubern!

1. Den Reis gemäß Rezept auf Seite 42 kochen.
2. Den *Kimchi* in 1–2 cm große Stücke schneiden.
3. Sesamöl, Sojasauce und 1 TL Pflanzenöl in eine Pfanne geben. Den *Kimchi* darin 2–3 Minuten anbraten. Gochujang, *Kimchi*-Lake und 50 ml Wasser dazugeben und gut verrühren.
4. Vom Herd nehmen. Den Reis in die Pfanne geben und mit der Flüssigkeit verrühren. Wieder auf den Herd stellen und den Reis 2–3 Minuten bei mittlerer Hitze unter Rühren braten. Wenn der Reis zu trocken ist, etwas Wasser zufügen.
5. Kurz bevor das Gericht fertig ist, die Frühlingszwiebeln unterrühren. Mit Salz und Pfeffer abschmecken.
6. In einer anderen Pfanne Spiegeleier braten.
7. Den gebratenen Reis auf 4 Tellern anrichten und auf jede Portion ein Ei legen. Mit Sesam und zerbröselten Algenchips bestreuen und heiß servieren.

TIPP

Wenn du Kimchi magst, lege dir ruhig einen Vorrat an. Dieses Rezept ist ideal, um Reste von kaltem (gekochtem) Reis zu verwerten, der noch im Kühlschrank steht. Am besten schmeckt dazu eine Schüssel Brühe oder Rindfleischsuppe mit Algen (siehe Seite 34).

Die Koreaner geben auch gern geriebenen Käse, gebratenen Speck oder Thunfisch aus der Dose an das Gericht.

Tofuragout mit fermentierter Sojapaste

DOENJANG-JJIGAE

Vorbereitung: 5 Minuten
Garzeit: 12 Minuten

Für 4 Personen

250 g mittelfester Tofu
100 g festkochende Kartoffel
100 g Zucchini
3 Shiitake frisch oder eingeweicht und abgetropft
1 große Frühlingszwiebel
½ grüner Chili oder 30 g grüne Paprikaschote
½ roter Chili (nach Belieben)
700 ml Reiswasser (siehe Seite 23)
½ Handvoll getrocknete Sardellen (nach Belieben)
50–60 g *Doenjang* (Sojabohnenpaste)
2 TL *Gochujang* (Gewürzpaste)
1 TL zerdrückter Knoblauch

Dies ist in Korea eins der beliebtesten Gerichte. Fermentierte Sojapaste (Doenjang) wird schon seit 1700 Jahren als Gewürz verwendet. Man könnte sie als »Seele der koreanischen Küche« bezeichnen.

1. Den Tofu in 2 cm dicke Würfel schneiden. Kartoffel, Zucchini und Shiitake in 7 mm dicke Scheiben schneiden, die Frühlingszwiebel in 3 cm große Stücke. Chilis fein würfeln.

2. Das Reiswasser in einen Topf gießen und erhitzen. Die getrockneten Sardellen 3 Minuten in köchelndem Wasser ziehen lassen, dann mit einem Schaumlöffel herausnehmen.

3. Etwas Flüssigkeit aus dem Topf in eine kleine Schüssel gießen. Doenjang und Gochujang zugeben und glatt rühren. Wieder in den Topf geben und auf mittlerer bis starker Stufe mit halb geschlossenem Deckel weiter erhitzen.

4. Sobald die Brühe zu kochen beginnt, gehackten Knoblauch, Tofu und Pilze zufügen. 1 Minute später die Kartoffel zugeben, weitere 2 Minuten später Zucchini und Chili (oder Paprika) unterrühren. Wenn die Kartoffel gar ist, die Frühlingszwiebel hinzufügen. Vom Herd nehmen und einen Moment abgedeckt stehen lassen.

5. Heiß mit Reis servieren.

TIPP

Für das traditionelle Rezept wird die Brühe nicht mit Fisch, sondern mit Rindfleisch gekocht. Du könntest daher auch Rindfleischbrühe mit Algen (siehe Seite 20) verwenden.

Vorbereitung: 5 Minuten
Wartezeit: 10 Minuten
Garzeit: 10 Minuten

Für 4 Portionen als *Banchan* (Beilage)

300 g mittelfester Tofu
1½ EL geröstetes Perillaöl
2 EL gehackte Frühlingszwiebel
1 TL gerösteter Sesam
Salz

Sauce
1 TL gehackter Knoblauch
½ EL *Gochugaru* (Chiliflocken)
100 ml Wasser
1½ EL Sojasauce
1 TL geröstetes Perillaöl
½ EL Zucker
Pfeffer

Geschmorter Tofu mit scharfer Sauce

DUBU-JORIM

1. Den Tofu in 1 cm dicke Scheiben, dann in 4 × 4 cm große Stücke schneiden, nebeneinander auf einen Teller legen und antrocknen lassen. Nach 10 Minuten vorsichtig abtupfen.

2. Alle Zutaten für die Sauce in einer Schüssel verrühren und zur Seite stellen.

3. Das Perillaöl in eine Pfanne geben und den Tofu darin portionsweise bei mittlerer Hitze von beiden Seiten goldbraun braten. Den gesamten gebratenen Tofu wieder in die Pfanne legen und mit der Sauce übergießen. Zum Kochen bringen, dabei den Tofu gelegentlich mit der Sauce übergießen.

4. Wenn die Sauce auf die Hälfte eingekocht ist, die Pfanne vom Herd nehmen. Frühlingszwiebeln und Sesam unterrühren.

5. Heiß mit weißem Reis servieren.

TIPP

Wenn du im Handel keinen mittelfesten Tofu finden kannst, eignet sich auch fester Tofu. Er muss nicht antrocknen und abgetupft werden.

Vorbereitung: 5 Minuten
Garzeit: 10 Minuten

Für 4 Portionen als *Banchan* (Beilage)

8 Eier
4 EL sehr fein gehackte Karotte
4 EL fein gehackte Frühlingszwiebel
Pflanzenöl
Salz, Pfeffer

Omelettrolle

DALGYAL-MARI

1. Die Eier verquirlen, ohne dass sich Schaum bildet. Durch ein Sieb streichen. Salzen und pfeffern, gehackte Karotte und Frühlingszwiebel dazugeben.

2. Eine Pfanne stark erhitzen, dann auf niedrigste Stufe herunterschalten. Etwas Öl mithilfe von Küchenpapier in der Pfanne verteilen.

3. Ein Viertel der Eimischung in die Pfanne geben, stocken lassen und mit einem Spatel zu einer 3–4 cm breiten, flachen Rolle modellieren. An den Pfannenrand schieben. Die Pfanne wieder mit dem öligen Küchenpapier auswischen.

4. Ein weiteres Viertel der Eiermischung in die Pfanne geben und bis an das zuvor aufgerollte Ei verlaufen lassen.

5. Stocken lassen, dann um die erste Rolle herumwickeln, aber ein kleines Stück hervorschauen lassen. Ein weiteres Viertel der Eiermischung in die Pfanne geben und den Vorgang wiederholen. Ebenso mit dem letzten Viertel der Eiermischung verfahren.

6. Wenn das gesamte Ei gebraten und aufgerollt ist, die Rolle rundum 2 Minuten goldbraun braten. Das Omelett auf ein Schneidebrett heben, kurz abkühlen lassen, dann in 1–2 cm dicke Scheiben schneiden.

7. Heiß mit Reis und *Kimchi* servieren.

TIPP

In Korea ist das gerollte Omelett einer der häufigsten Bestandteile der täglichen Lunchbox, genannt Dosirak.

Zwar gibt es heute überall Schulkantinen, doch als ich noch ein Kind war, nahm jeder seine Dosirak von zu Hause mit in die Schule. Kinder mögen Omelett, und Mütter auch, denn es ist einfach zuzubereiten, preiswert und gehaltvoll.

Heutzutage sind es weniger die Kinder, die ihr Mittagessen in der Dosirak mitnehmen, sondern eher die Erwachsenen – um sich gesund zu ernähren oder nicht im Restaurant essen zu müssen. Man kann in Supermärkten aber auch fertige Dosirak mit leckeren Gerichten für wenig Geld kaufen.

Dieses Omelett lässt sich vielfältig abwandeln, beispielsweise mit gehacktem, gut ausgedrücktem Spinat, zerbröselten Algen oder Pilzen. Und wenn du das Gemüse durch Seehasenrogen ersetzst, knackt es, wenn beim Kauen die kleinen Fischeier zerplatzen. Wer möchte, serviert dazu Ketchup, Mayonnaise oder beides.

Vorbereitung: Minuten
Einweichzeit: 6 Stunden, Farnsprossen über Nacht
Garzeit: 30 Minuten

Ergibt ca. 20 Bratlinge mit Ø 7 cm

100 g geschälte Mungobohnen
2 gestrichene EL Mehl aus Klebreis
50 g Schweinehackfleisch
60 g *Kimchi* mit Chili (siehe Seite 64) oder Weißer *Kimchi* (siehe Seite 68), abgetropft
30 g eingeweichte Farnsprossen (alternativ Shiitake, siehe Seite 119)
70 g Mungobohnensprossen
1 TL Sesamöl
Chilifäden (nach Belieben)
Pflanzenöl
Salz, Pfeffer

Würze für das Fleisch
½ TL gehackter Knoblauch
1 TL Sojasauce

Sojasauce mit Essig
Rezept auf Seite 23

Mungobohnenbratlinge

BINDETTEOK

Dieses Gericht wird gern zu einem Glas Makkoli (auch Makgeolli) gegessen, einer Art ungefiltertem Bier aus Reis. Dazu noch eine Portion Kimchi, und fertig ist eine authentische koreanische Mahlzeit.

1. Die Mungbohnen waschen und 6 Stunden in ½ l Wasser einweichen. Abtropfen lassen und mit 150 ml Wasser fein pürieren. Die Flüssigkeit in eine Schüssel geben, das Reismehl einrühren und salzen.

2. Das Fleisch mit den Würzzutaten vermengen.

3. Den Kimchi grob hacken. Die Farnsprossen abtropfen lassen und in 4 cm lange Stücke schneiden.

4. Die Mungobohnensprossen ca. 2 Minuten in kochendem Salzwasser blanchieren, dann unter kaltem Wasser abschrecken. Die Mungobohnensprossen mit den Händen gut ausdrücken und in 4 cm lange Stücke schneiden. Mit dem Sesamöl, Salz und Pfeffer würzen.

5. Fleisch und Gemüse unter den pürierten Sojadrink rühren.

6. Eine Pfanne auf mittlerer Stufe erhitzen und großzügig einölen. Mit einer Schöpfkelle kleine Teigportionen in die Pfanne geben, jede zu einem Kreis von Ø 8 cm formen und von jeder Seite 3 Minuten goldbraun braten. Nach Belieben mit Chilifäden bestreuen.

7. Heiß mit Sojasauce mit Essig servieren.

서울
月梅

Fleisch, Geflügel und Meeresfrüchte

Da Korea als Halbinsel über eine lange Küstenlinie verfügt, gibt es viele traditionelle Gerichte mit Zutaten aus dem Meer. Die Zubereitungsmethoden sind vielfältig und reichen von der Fermentation über komplexe Rezepturen bis hin zu einfacheren Gerichten, die nur mit Salz verfeinert oder roh genossen werden.

Außerdem gibt es trotz der starken buddhistischen Prägung eine große Anzahl von Gerichten mit rohem und gegartem Fleisch. Dies ist dem Einfluss der nomadischen Völker Zentralasiens geschuldet. Ein Beispiel dafür ist das koreanische Beefsteak Tatar, dessen Rezept du in diesem Kapitel findest. Sein Name verweist auf die Volksgruppe der Tataren. Wenn man das europäische Rezept mit dem koreanischen vergleicht, kann man sich leicht vorstellen, wie groß der Einfluss dieses Nomadenvolkes war, das sich gen Osten wie auch gen Westen ausgebreitet hat.

Vorbereitung: 10 Minuten
Marinierzeit: 20 Minuten
Garzeit: 3–6 Minuten

Für 4 kleine Portionen als *Banchan* (Beilage)

400 g falsches Filet vom Rind
1 m ittelgroße gehackte Zwiebel
15 grüne Salatblätter

Würzsauce
Würzsauce
1½ EL gehackte Frühlingszwiebel
3 TL gehackter Knoblauch
2 TL gerösteter zerdrückter Sesam
2 EL Zucker
50 ml Birnensaft
3 EL Sojasauce
1 EL Sesamöl

Sojabohnenpaste zum Dippen (*Ssamjang*)
Rezept auf Seite 23

Mariniertes, gegrill-tes Rindfleisch

BULGOGI

***Bulgogi* ist international eins der bekanntesten koreanischen Fleischgerichte.**

1. Das Fleisch quer zur Faserrichtung in 3 mm dicke Scheiben, dann in 4 × 3 cm große Stücke schneiden. Mit Küchenpapier gut abtupfen.

2. Alle Zutaten für die Würzsauce in einer Schüssel verrühren. Das Fleisch zugeben und gut durchkneten. Die Zwiebel unterrühren. 10 Minuten marinieren.

3. Eine Pfanne ohne Fett auf hoher Stufe erhitzen und das Fleisch darin 3–6 Minuten (je nach gewünschtem Gargrad) braten.

4. Sofort servieren, Ssamjang separat dazu reichen.

5. Zum Essen jedes Fleischstück mit etwas Sauce als Finger-food in ein Salatblatt wickeln. Wer möchte, wickelt zusätzlich einen Löffel Reis mit ein.

Vorbereitung: 20 Minuten

Für 4 Personen

400 g Rindfleisch aus der Oberschale
1½ EL Pinienkerne
1 Nashi-Birne
1 Knoblauchzehe
4 Eigelb (Größe S, nach Belieben)

Würze
1 EL gehackte Frühlingszwiebel
2 TL gehackter Knoblauch
1 EL gerösteter zerdrückter Sesam
2 EL Zucker
4 EL Sojasauce
1½ EL Sesamöl
Pfeffer

Beefsteak Tatar auf koreanische Art

YUKHOE

Der europäischen Version verblüffend ähnlich!

1. Das Fleisch quer zur Faserrichtung in 3 mm dicke Scheiben, dann in 5 cm lange Streifen schneiden. Auf Küchenpapier ausbreiten, um das Blut aufzusaugen.

2. Alle Zutaten für die Würze in einer Schüssel verrühren, dann das Fleisch zugeben und gut durchkneten.

3. Die Pinienkerne zwischen 2 Lagen Küchenpapier legen und mit einem Nudelholz zerdrücken, um das Fett zu entfernen.

4. Die Birne in 3 mm dicke und 5 cm lange Stifte schneiden. Die Knoblauchzehe in hauchdünne Scheiben schneiden.

5. Die Birnenstifte auf Tellern verteilen. Das Fleisch darauf anrichten. Mit Pinienkernen und Knoblauchscheiben garnieren.

6. Wer möchte, gibt auf jede Portion ein rohes Eigelb.

TIPP

Wer es eilig hat, verwendet gekauftes Tatarhackfleisch (magerer als herkömmliches Rinderhackfleisch).

Vorbereitung: 15 Minuten
Marinierzeit: 20 Minuten
Garzeit: 5–9 Minuten

Für 4 Personen

500 g Schweinenacken
2 grüne Chilis oder 1 kleine grüne Paprikaschote
1 TL gerösteter Sesam
14 grüne Salatblätter
Pflanzenöl

Würzsauce
1 EL gehackte Frühlingszwiebel
1 TL gehackter Knoblauch
1–2 EL *Gochujang* (Gewürzpaste)
¾ EL *Gochugaru* (Chiliflocken)
etwas gehackter Ingwer
1½ EL Zucker
2 EL Sojasauce
2 EL Reiswein
2 EL geröstetes Sesamöl

Pikant mariniertes Schweinefleisch

JEYUK-BOKKEUM

1. Das Fleisch in 3 mm dicke Scheiben, dann in 4 × 3 cm große Stücke schneiden. Die Chilis grob in Stücke schneiden.

2. Alle Zutaten für die Würze in einer Schüssel verrühren. Das Fleisch zugeben und gut durchkneten. Die Chilistücke unterrühren und alles 20 Minuten zum Marinieren zur Seite stellen.

3. Etwas Pflanzenöl in einer Pfanne auf mittlerer Stufe erhitzen. Das Fleisch je nach gewünschtem Gargrad 5–9 Minuten darin braten. Dabei häufig wenden, damit die Würzsauce nicht anbrennt.

4. Mit Sesam bestreuen und sofort auf Salatblättern servieren.

TIPP

Wenn du feststellst, dass die Sauce während des Bratens anbrennt, kannst du etwas Wasser hinzufügen.

In Korea wird das Fleisch mit viel grünem Salat gegessen: Zu jedem Fleischbissen nimmt man sich ein Salatblatt. Das ist eine gesunde Ernährungsgewohnheit, die man sich aneignen sollte.

Vorbereitung: 15 Minuten

Für 4 Personen

700 g Schweinebauch
300 g gemischte Pilze (etwa *Eryngii*, *Enoki* oder Champignons)
200 g verschiedene Blattsalate (etwa Romana, Eichblatt, Lollo rosso)
200 g Obst (etwa Ananas oder Apfel)
Zwiebelringe
Knoblauchzehen
ein Schälchen Kohl-*Kimchi*
glatte Petersilie

Saucen
Ssamjang (siehe Seite 23)
Sesamöl mit Salz (siehe Seite 23)

Zubehör (nach Belieben)
tragbarer Gaskocher
Grillplatte

Schweinebauch und Gemüse vom Grill

SAMGYEUPSAL-GUI

***Samgyeupsal-gui* ist ein geselliges, leckeres und festliches Gericht, vergleichbar mit einem europäischen Raclette. In Korea gehört dazu unbedingt *Soju*, ein klarer Schnaps aus Süßkartoffeln. Da ist gute Stimmung bei geringem Zubereitungsaufwand garantiert!**

1. Den Schweinebauch so in 5 mm dicke Scheiben, dann in 4 × 4 cm große Stücke schneiden, dass die Fett- und Muskelschichten sichtbar sind.

2. Pilze, Salat und Obst putzen. Den Salat in einzelne Blätter zerteilen. Das Obst in 0,5–1 cm dicke Streifen schneiden, Pilze und Knoblauch in 3 mm dünne Scheiben schneiden.

3. Alles hübsch auf einem oder mehreren Tellern anrichten. Den Gaskocher in die Mitte des Tisches stellen, die Grillplatte darauflegen und die Teller mit den Zutaten ringsherum anordnen.

4. Jeder wählt nun seine Zutaten, gart sie selbst auf der Grillplatte und wickelt sie zusammen mit etwas Sauce und frischer Petersilie zum sofortigen Verzehr in ein Salatblatt.

Vorbereitung: 30 Minuten
Marinierzeit: 4–12 Stunden
Garzeit: 30 Minuten

Für 4 Personen

1 ganzes Hähnchen, 1,4–1,5 kg
300 ml Milch
160 g Speisestärke
80 g Weizenmehl Type 405
50 g fein gehackte Karotte
50 g fein gehackte Zwiebel
40 g geröstete, grob gehackte Erdnüsse ohne Salz
Salz, Pfeffer
Frittieröl

Sauce
2 gehackte Knoblauchzehen
100 g *Gochujang* (Gewürzpaste)
100 g Ketchup
70 g Honig
2 TL Currypulver
100 ml Wasser
2 EL Sojasauce
2 TL Reisessig
2 EL geröstetes Sesamöl

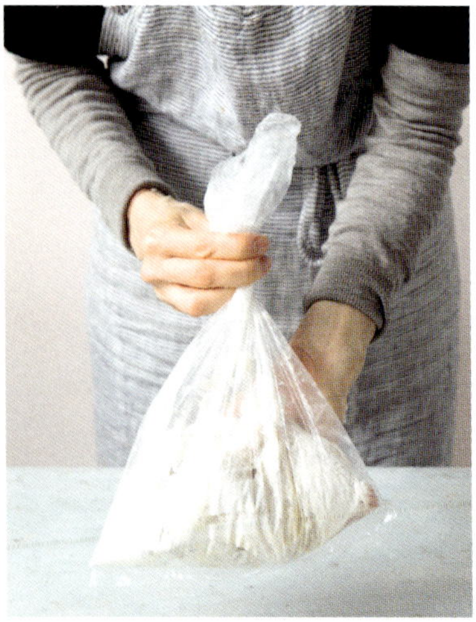

Gebratenes Hähnchen mit scharfer, süßsaurer Sauce

DAK GANGJEONG

Dieses Gericht – nennen wir es spaßeshalber Korean Fried Chicken – ist weltweit fast so bekannt und beliebt wie die würzigen Hähnchenteile aus Kentucky.

1. Das Hähnchen in 14 oder 16 Stücke zerlegen (die Karkasse für eine Brühe verwenden). In eine Schüssel legen, die Milch, ½ TL Salz und etwas Pfeffer zugeben und 4–12 Stunden in den Kühlschrank stellen.

2. Für die Sauce alle Zutaten verrühren und 4–12 Stunden bei Zimmertemperatur ruhen lassen.

3. Speisestärke und Mehl mischen. Die Hälfte davon zur Sauce geben und gut verrühren.

4. Die restliche Mehlmischung und die abgetropften und abgetupften Hähnchenteile in einen großen Gefrierbeutel geben. Den Beutel verschließen und schütteln, bis alle Hähnchenteile gleichmäßig bemehlt sind.

5. Reichlich Öl in einem großen Schmortopf auf 170 °C erhitzen und die Hähnchenteile je nach Größe 3–5 Minuten darin frittieren. Kurz vor dem Servieren ein zweites Mal 1–2 Minuten frittieren.

6. In einem großen Topf die gehackte Karotte und die gehackte Zwiebel 20 Sekunden in etwas Öl anbraten, die Sauce zugießen und zum Kochen bringen. Vom Herd nehmen, die Hähnchenteile hineingeben und vorsichtig mischen. Auf Tellern anrichten, mit gehackten Erdnüssen bestreuen und sofort servieren.

cass

Vorbereitung: 5 Minuten
Einweichzeit: 2 Stunden
Garzeit: 1 Stunde 20 Minuten

Für 4 Personen

90 g Klebreis
2 getrocknete Jujuben
2 Knoblauchzehen
1–2 frische Ginsengwurzeln (ersatzweise eingeweichte und abgetropfte Wurzeln oder Pulver)
1–2 Tragantwurzeln (auch: Bocksdorn, nach Belieben)
2 kleine Hähnchen (oder nicht zu kleine Stubenküken)
1 gehackte Frühlingszwiebel
Salz, Pfeffer

Ginsenghähnchen

SAMGYETANG

Seit der Antike weiß man, dass Ginseng sehr gesund ist. Er war eins der ersten Produkte aus Korea, die über die Seidenstraße nach Europa gelangten.

1. Den Klebreis waschen, 2 Stunden in Wasser einweichen, dann abtropfen lassen.

2. Die Jujuben entsteinen, die Knoblauchzehen abziehen.

3. 1,2 l Wasser mit den Wurzeln bei starker Hitze zum Kochen bringen, dann die Hitze reduzieren und weitere 30 Minuten bei geschlossenem Deckel köcheln lassen. Die Brühe durch ein feines Sieb gießen.

4. Die Hähnchen waschen, dabei das sichtbare Fett entfernen. Mit Reis, Knoblauch und Jujuben füllen, dann die Öffnung mit einem Zahnstocher verschließen. Die Hähnchen in einen Tontopf legen, den Wurzelfond zugießen und alles bei mäßiger Hitze 50 Minuten zugedeckt garen.

5. Am Ende der Garzeit den Fond mit Salz und Pfeffer würzen. Die Hähnchen mit gehackter Frühlingszwiebel bestreuen. Die Suppe heiß servieren. Salz und Pfeffer separat dazu reichen.

TIPP

Getrocknete Ginseng- und Tragantwurzel kann man im Internet bestellen. Alternativ kannst du auch Pulver verwenden. In diesem Fall brauchst du keinen Fond zu kochen. Gib einfach je 1–2 EL des Pulvers und 1 l Wasser zu den Hähnchen.
Verwende nur reines Ginsengpulver ohne Süßungsmittel und andere Zusätze.

Vorbereitung: 3 Minuten
Marinierzeit: 1 Stunde
Wartezeit: 24 Stunden
Einweichzeit: 10 Minuten
Garzeit: 5 Minuten

Für 4 Personen

100 g Meersalz
4 Makrelenfilets à 100–130 g
1 l Reiswasser (siehe Seite 23)
Pflanzenöl
Pfeffer

TIPP

Wähle große Makrelenfilets: Ihr Fleisch ist fest und eignet sich besser zum Einlegen in Salzlake. Falls nötig, kaufe große Makrelen und filetiere sie selbst.
Du brauchst nicht zu befürchten, dass es beim Trocknen der Fische unangenehm riecht. Wenn die Makrelen frisch sind, wird es einfach nach Meer riechen.

Gegrillte Makrelenfilets

GODEUNGEO GUI

1. Das Salz in 1 l Wasser vollständig auflösen. Die Makrelenfilets hineinlegen und je nach Größe 40 Minuten bis 1 Stunde marinieren. Zwischendurch gelegentlich umrühren.

2. Abtropfen lassen und trocken tupfen, dann 24 Stunden auf einem Gitter im Kühlschrank (oder an einem kalten Ort) trocknen lassen. Nach 12 Stunden einmal wenden.

3. Die Makrelenfilets 10 Minuten in Reiswasser legen, um sie zu entsalzen. Herausnehmen, abtupfen und einige Minuten trocknen lassen.

4. Ein paar Tropfen Öl in einer Grillpfanne (oder auf dem Grill) auf mittlerer bis hoher Stufe erhitzen und den Fisch mit der Haut nach unten hineinlegen. 2 Minuten braten, dann wenden und die andere Seite 2 Minuten braten.

Vorbereitung: 10 Minuten
Garzeit: 25 Minuten

Für 4 Eierkuchen (Ø 20 cm)

250 g Frühlingszwiebeln
400 g gemischte Meeresfrüchte (Muscheln, Tintenfisch, Garnelen etc.)
3 Eier
250 g Weizenmehl
200 ml Wasser
½ grüner Chili oder ½ kleine grüne Paprikaschote (nach Belieben)
½ roter Chili oder ½ kleine rote Paprikaschote (nach Belieben)
Pflanzenöl
Salz, Pfeffer

Sojasauce mit Essig
Rezept auf Seite 23

TIPP

Kleinere Eierkuchen (Ø 7–8 cm) lassen sich leichter wenden und sehen auf dem Teller hübsch aus.

Eierkuchen mit Meeresfrüchten

HAEMUL-PAGEON

1. Die Frühlingszwiebeln in 5 cm lange Stücke schneiden. Die Meeresfrüchte abspülen, abtropfen lassen und (falls nötig) in 3 cm lange Stücke schneiden. Die Eier verquirlen, ohne dass sich Schaum bildet, durch ein feines Sieb gießen und salzen. Einige Garnelen und Muscheln zur Seite legen.

2. Mehl und Wasser in einer Schüssel verrühren, salzen und pfeffern. Ein Viertel davon in eine Schüssel gießen und je ein Viertel der Frühlingszwiebeln und der Meeresfrüchte vorsichtig unterheben.

3. 2 TL Öl in einer Pfanne auf mittlerer Stufe erhitzen und die Mehl-Meeresfrüchte-Mischung darin verteilen. Einige Muscheln und Garnelen hübsch darauf arrangieren, dann ein Viertel des verquirlten Eis darübergießen. 2–3 Minuten backen, dann wenden und weitere 2–3 Minuten backen. Falls nötig, beim Wenden etwas mehr Öl in die Pfanne geben.

4. Aus den restlichen Zutaten 3 weitere Eierkuchen portionsweise wie beschrieben vorbereiten und backen.

5. Heiß mit der Essig-Sojasauce servieren.

Vorbereitung: 10 Minuten
Garzeit: 7 Minuten

Für 4 Personen

500 g weiße Fischfilets (etwa Dorsch, Merlan, Seehecht, Dorade)
1 große rote Paprikaschote
150 g Frühlingszwiebeln
700 g gemischte Pilze (etwa *Eryngii*, Pfifferlinge, Shiitake, *Enoki*, Champignons)
glatte Petersilie
0,8–1 l heiße Sardellen-Algen-Brühe (siehe Seite 22)
helle Sojasauce
Salz, Pfeffer

Zubehör
tragbarer Gaskocher

Fondue mit Pilzen und weißem Fisch

SENGSEON BEOSEOT JEONGOL

Die Koreaner sind gesellig und lieben es, Mahlzeiten gemeinsam direkt am Tisch zuzubereiten. Übrigens bedeutet das koreanische Wort für »Familie« wörtlich übersetzt »die zusammen essen«.

1. Jedes Fischfilet quer halbieren. Salzen und pfeffern, dann zur Seite stellen.

2. Paprika und Frühlingszwiebeln waschen. Die Pilze längs in feine Streifen, die Paprikaschote in 5 mm breite Streifen und die Frühlingszwiebel in 7–8 cm lange Stücke schneiden. Die Petersilienblätter von den Stängeln zupfen.

3. Alle Zutaten in 2 Portionen teilen.

4. In einem breiten, flachen Topf einen Teil des Gemüses und des Fischs hübsch anrichten. Die Hälfte der Brühe zugießen und mit etwas Petersilie bestreuen.

5. Den Gaskocher in die Mitte des Tisches stellen, den vorbereiteten Topf daraufsetzen und die Brühe mit dem Gemüse zum Kochen bringen.

6. Portionsschälchen, Sojasauce und Pfeffer auf den Tisch stellen und für jeden Gast 1–2 kleine Schöpflöffel dazulegen. Sobald das Gericht ausreichend gegart ist, bedient sich jeder nach Belieben.

7. Wenn der Topf leer ist, wird er mit der zweiten Portion der Zutaten wieder aufgefüllt.

8. Dazu Reis und *Kimchi* servieren.

GEMÜSE

Auf den koreanischen Märkten findet man eine überraschend große Auswahl an Gemüsesorten. Dies ist nicht zuletzt auf das Erbe des Buddhismus zurückzuführen. Seit mehr als tausend Jahren hat er dazu beigetragen, dass zahlreiche Zubereitungsarten für Gemüse entwickelt wurden.

Die koreanische Küche gilt als sehr gesund, nicht zuletzt wegen des hohen Gemüseanteils in vielen Rezepten. Im Allgemeinen liegt das Verhältnis von pflanzlichen zu tierischen Lebensmitteln in einer klassischen koreanischen Mahlzeit bei 7 zu 3. Der Anteil an grünem Gemüse und Blattgemüse ist höher als im Westen. Gerade sie liefern Ballaststoffe, die für eine gute Verdauung des Reises notwendig sind.

Die alte kosmologische Theorie Obongtek besagt, dass ein Gericht im Idealfall die fünf Hauptfarben Weiß, Gelb, Grün, Rot und Schwarz aufweisen sollte. Es ist vor allem das Gemüse, das die verschiedenen Farben beisteuert. Man geht davon aus, dass jede Farbe unterschiedliche Nährstoffe mit sich bringt, die Farbenvielfalt sorgt also für eine ausgewogene Ernährung.

Namul

Namul steht allgemein für Gerichte auf Gemüsebasis. Der Ursprung des Begriffs liegt wahrscheinlich in der Zubereitung von Wildpflanzen, die im Frühling geerntet werden.

Son-namul (»Berggemüse«) oder *Bom-namul* (»Frühlingsgemüse«) sind in der Regel junge Pflanzensprossen. Sie gelten als besonders gesund und werden auch in der Pflanzenheilkunde verwendet. Bambussprossen, Farnsprossen, Hirtentäschel, Löwenzahn, Bärlauch und Beifuß sind Beispiele für Bom-Namul, die auch in Europa wachsen.

Es gibt zwar Rezepte für *Namul* aus rohem Gemüse, aber in den meisten Fällen wird das Gemüse gegart. Der Vorteil ist, dass das Kochen bestimmte Lebensmittel leichter verdaulich macht, insbesondere solche, die reich an Ballaststoffen sind – wie Gemüse.

Häufig wird bei der Zubereitung von Namul dem Gemüse ein Teil des Wassers entzogen. Dadurch wird der Geschmack konzentrierter. Wer den wässrigen Geschmack von Gemüse zu langweilig findet, könnte also seine Meinung ändern, nachdem er *Namul* probiert hat.

Banchan

Eine klassische koreanische Mahlzeit besteht aus einer Schale Reis, einer Suppe, einem oder mehreren Gerichten sowie *Banchan*, einer Auswahl an leckeren Kleinigkeiten – ähnlich wie Meze oder Tapas.

Die *Banchan* bestehen meist aus *Namul*. Sie sorgen dafür, dass der ungewürzte Reis immer andere Geschmacksnuancen bekommt.

Vorbereitung: 5 Minuten
Garzeit: 2 Minuten

Für 4 Portionen als *Banchan*

400 g frischer Spinat (Blätter und Stiele)
Salz

Würzzutaten
2 TL gehackte Frühlingszwiebel
½ TL zerdrückter Knoblauch
1 TL gerösteter Sesam
1 TL helle Sojasauce
1 TL geröstetes Sesamöl

Spinat mit Sesam

SIGEUMCHI NAMUL

1. Den Spinat putzen und waschen. 2 Minuten in 1,5 l kochendem Wasser mit 1 TL Salz blanchieren, dann kurz mit kaltem Wasser abschrecken. Mit den Händen gut ausdrücken.

2. Den Spinat in 7–10 cm lange Streifen schneiden, in eine Schüssel geben und mit den Würzzutaten mischen.

3. Mit Salz abschmecken und servieren.

TIPP

Andere zarte Blattgemüse können auf die gleiche Weise zubereitet werden: Kresse, Feldsalat, Mangold (grüner Teil) oder Radieschenblätter. Je nachdem, wie dick die Blätter und Stiele des jeweiligen Gemüses sind, muss die Kochzeit angepasst werden.

Vorbereitung: 10 Minuten
Garzeit: 3 Minuten

Für 4 kleine Portionen als *Banchan*

300 g Sojasprossen
Salz

Würzzutaten
1 EL gehackte Frühlingszwiebel
1 TL zerdrückter Knoblauch
1–2 TL *Gochugaru* (Chilipulver)
1 TL geschälter Sesam
1 EL Perillaöl oder geröstetes Sesamöl

Sojasprossen mit Sesam und Chili

KONGNAMUL

Soja spielt in vielen asiatischen Ländern eine wichtige kulinarische Rolle, aber in Bezug auf den Verzehr von Sojasprossen haben die Koreaner definitiv die Nase vorn.

1. Die faserigen Enden der Sojasprossen entfernen, dann die Sprossen waschen.
2. In einem Topf mit 1,5 l Wasser und 1 TL Salz ohne Deckel 4 Minuten blanchieren. Kurz mit kaltem Wasser abschrecken und gut mit den Händen ausdrücken.
3. Die Sojasprossen in eine Schüssel geben, mit allen Würzzutaten mischen.
4. Mit Salz abschmecken und servieren.

TIPP

Rohe Sojasprossen müssen stets dunkel aufbewahrt werden, sonst färben sie sich grün und werden bitter.

Vorbereitung: 5 Minuten
Garzeit: 8 Minuten

Für 4 kleine Portionen als *Banchan*

400 g weißer asiatischer Rettich (*Daikon*)
1 EL geröstetes Perillaöl
50 ml Reiswasser (siehe Seite 23) oder Wasser
1½ TL Salz
1 TL gehackter Knoblauch
2 TL gehackte Frühlingszwiebel
1½ TL gerösteter zerdrückter Sesam

Gedünsteter Rettich

MU-NAMUL

1. Den Rettich waschen und schälen. In 4 mm dicke und 5 cm lange Stifte schneiden.

2. Das Öl in einer Pfanne auf niedriger Stufe erhitzen und den Rettich darin 10 Sekunden anbraten. Reiswasser, Salz und Knoblauch zugeben und mit schräg aufliegendem Deckel unter gelegentlichem Rühren kochen, bis der Rettich weich ist.

3. Flüssigkeit, die am Ende der Garzeit übrig ist, bei starker Hitze unter ständigem Rühren einkochen; der Rettich soll jedoch nicht braun werden. Vom Herd nehmen, Frühlingszwiebel und Sesam zugeben.

4. Den Rettich lauwarm servieren.

TIPP

Schneide den Rettich entlang der Faserrichtung, dadurch fühlt er sich im Mund glatter an.

Im Herbst und Winter geernteter Rettich ist wesentlich zarter und schmackhafter als Rettich aus anderen Jahreszeiten.

Farnsprossen mit heller Sojasauce

GOSARI NAMUL

Dieses Gemüse wird vor allem von Vegetariern geschätzt, weil sein Umamigeschmack an Fleisch erinnert.

Vorbereitung: 5 Minuten
Einweichzeit: über Nacht
Garzeit: 15 Minuten

Für 4 kleine Portionen als *Banchan*

40 g getrocknete Farnsprossen
1 EL geröstetes Sesamöl
1 EL helle Sojasauce
1 TL gehackter Knoblauch
2 TL gehackte Frühlingszwiebel
1 TL gerösteter zerdrückter Sesam
Pfeffer

1. Am Vortag 1,5 l Wasser zum Kochen bringen. Vom Herd nehmen und die Farnsprossen darin abgedeckt über Nacht einweichen.
2. Am nächsten Tag die Farnsprossen abtropfen lassen. Teile, die noch hart sind, abschneiden und entsorgen.
3. Die Farnsprossen in 6–7 cm lange Stücke schneiden.
4. Das Öl in einer Pfanne auf niedriger Stufe erhitzen und die Farnsprossen 20 Sekunden darin anbraten. 100 ml Wasser, die Sojasauce und den Knoblauch zugeben und alles halb zugedeckt unter gelegentlichem Rühren kochen, bis der Farn weich ist.
5. Flüssigkeit, die am Ende der Garzeit übrig ist, bei starker Hitze unter ständigem Rühren einkochen.
6. Vom Herd nehmen, Frühlingszwiebel und Sesam hinzufügen und lauwarm servieren.

TIPP

In Europa kann man essbaren Adlerfarn (Pteridium aquilinum) auch in freier Natur finden. Die jungen Triebe werden im Frühjahr gepflückt. Zum Rohverzehr sind sie NICHT geeignet. Sie sollten in kochendem Wasser blanchiert und anschließend getrocknet werden.

Vorbereitung: 15 Minuten
Garzeit: 15 Minuten

Für 4 Portionen als *Banchan*

450 g festkochende Kartoffeln
1 EL Pflanzenöl
2 EL gehackte Frühlingszwiebel
1 TL gerösteter Sesam

Sauce
½ TL zerdrückter Knoblauch
250 ml Wasser
3 EL Sojasauce
1 EL Honig
1 EL Zucker
1 EL Sesamöl
Pfeffer

Schmorkartoffeln mit Sojasauce

GAMJA JORIM

1. Die Kartoffeln schälen, in kastaniengroße Stücke schneiden und die Ecken abschneiden, um die Stücke abzurunden. Die Kartoffeln in 500 ml Wasser legen und danach gut abtropfen lassen.

2. Alle Zutaten für die Sauce in einer Schüssel verrühren.

3. Das Pflanzenöl in einem Topf auf mittlerer Stufe erhitzen und die Kartoffeln darin 2 Minuten anbraten. Die Sauce zugießen und abgedeckt 10–12 Minuten köcheln lassen, bis die Kartoffeln gar sind und die Sauce um die Hälfte reduziert ist. Gehackte Frühlingszwiebel und Sesam zugeben. Vom Herd nehmen.

4. Heiß servieren.

TIPP

Wenn du die Ecken von Kartoffelstücken abrundest, vermeidest du, dass die Ecken schneller garen und abbrechen. So bleibt die Sauce »sauber«.

Für etwas knackigen Biss kannst du 5 Minuten vor Ende der Garzeit etwas grüne Paprikastreifen zu dem Gericht geben.

Vorbereitung: 5 Minuten
Wartezeit: 10 Minuten
Garzeit: 10 Minuten

Ergibt etwa 30 Scheiben

450 g Zucchini
3 Eier
4 EL Weizenmehl
Pflanzenöl
Salz

Garnierung
Chili oder rote Paprikaschote
Frühlingszwiebel

Sojasauce mit Essig
Rezept auf Seite 23

TIPP

Das verquirlte Ei gut von den Zucchinischeiben abtropfen lassen, damit sie »saubere« Ränder bekommen. Auf sehr niedriger Hitze braten, damit die Farben der Zutaten erhalten bleiben. Frisch aus der Pfanne schmecken die Zucchini am besten. Wenn du sie später essen willst, wärme sie kurz in einer Pfanne ohne Fett auf.

Zucchini im Eimantel

HOBAK-JEON

Als *Jeon* bezeichnet man Zutaten, die in Weizenmehl und verquirltem Ei gewendet und dann gebraten oder frittiert werden. Alle möglichen Arten von Zutaten können auf diese Weise zubereitet werden: Fischfilet, Gemüse, Fleisch, Pilze, Tofu.

1. Die Zucchini in 5 mm dicke Scheiben schneiden. Nebeneinander auf ein Tablett legen, mit Salz bestreuen und 10 Minuten zur Seite stellen. Die ausgetretene Feuchtigkeit mit Küchenpapier abtupfen.

2. Die Zutaten für die Garnierung in sehr kleine Stücke schneiden.

3. Die Eier verquirlen, ohne dass sich Schaum bildet. Das Mehl auf einen flachen Teller streuen.

4. Etwas Öl in einer Pfanne auf niedriger Stufe erhitzen.

5. Die Zucchinischeiben Stück für Stück zuerst im Mehl, dann im Ei wenden. In die heiße Pfanne geben. Etwas Garnierung auf die Zucchinischeiben legen und leicht andrücken, damit sie am Ei haftet. Die Zucchinischeiben von jeder Seite 1–2 Minuten hellbraun braten.

6. Heiß mit der Essig-Sojasauce servieren.

SÜSSES UND GETRÄNKE

Traditionell ist es in ganz Asien nicht üblich, eine Mahlzeit mit einem Dessert abzuschließen. Durch westliche Einflüsse verändern sich die Gewohnheiten allerdings, vor allem unter jungen Leuten. So kam es in den letzten Jahren zu einem wahren Boom süßer Speisen – mit nicht immer vorteilhafter Wirkung. Traditionell werden Süßigkeiten nur zur Teezeit genossen. Ansonsten wird während der Mahlzeiten Obst zusammen mit herzhaften Speisen serviert. Traditionelle asiatische Süßspeisen enthalten keine Milchprodukte, nicht einmal Butter, und sind daher ideal für Veganer.

Wegen des hektischen Lebensstils ist das meistkonsumierte Getränk in Korea heute Kaffee. Doch glücklicherweise werden mit zunehmendem Interesse an gesunder Ernährung alte Rezepte wiederentdeckt und neue erfunden.

Vorbereitung: 5 Minuten

Für 4 Personen

150–200 g Yuja-cheong
600 ml kaltes Wasser
1 große Nashi-Birne
½ Granatapfel
Pinienkerne (nach Belieben)

Kaltschale mit Yuzu

YUJA-HWACHAE

1. Yuja-cheong in eine große Schüssel geben und mit dem Wasser verrühren.

2. Die Birne schälen und in 3 mm dünne Stifte schneiden. Die Kerne aus dem Granatapfel lösen. Beide Obstsorten in das Yuzuwasser geben. In Schalen füllen und mit einigen Pinienkernen garnieren.

TIPP

Yuya-cheong ist eine Art Marmelade oder süße Obstkonserve aus der Zitrusfrucht Yuzu. Du kannst auch eine frische Frucht verwenden: Die Schale hauchdünn abschälen und den Saft auspressen. Beides mit 100–150 g Zucker aufkochen.

Vorbereitung: 30 Minuten
Wartezeit: 1 Stunde
Garzeit: 10 Minuten

Ergibt etwa 20 Stück

200 g Mehl aus Klebreis
145 ml kochendes Wasser
essbare Blüten nach Wahl (etwa Veilchen, Kapuzinerkresse, Chrysanthemen, Borretsch)
Honig oder Läuterzucker nach Geschmack
Pflanzenöl

Läuterzucker
100 g Zucker
100 ml Wasser

TIPP

Wenn du keine frischen Blumen hast, kannst du auch getrocknete Rosenblütenblätter verwenden.

Kleine Küchlein mit Blüten

HWA-JEON

Traditionell verwendet man für dieses Rezept im Frühling Azaleenblüten (*Rhododendron mucronulatum*) und im Herbst Chrysanthemen (*Chrysanthemum boreale*).

1. Das Klebreismehl und kochendes Wasser mit einem Löffel verrühren, etwas abkühlen und mit den Händen verkneten, bis ein glatter Teig entsteht. Er ist etwas klebrig, lässt sich aber nach der Ruhezeit besser verarbeiten. Den Teig mit Frischhaltefolie abdecken und 1 Stunde bei Raumtemperatur ruhen lassen.

2. Für den Läuterzucker Zucker und Wasser in einem kleinen Topf auf mittlerer Stufe erhitzen. Sobald die Mischung kocht, den Topf vom Herd nehmen und abkühlen lassen.

3. Staubgefäße und Narben aus dem Blüten entfernen. Die Blüten nicht waschen.

4. Aus der Hälfte des Teigs 10 Scheiben formen: 3–4 mm dick und Ø 5–6 cm. 1 TL Öl in einer Pfanne auf niedriger Stufe erhitzen. Eine Teigscheibe 1½ Minuten backen. Wenden, eine Blüte aufkleben und weitere 1½ Minuten backen.

5. Den Garvorgang beobachten: Die Scheiben sollen nicht braun werden. Den restlichen Teig ebenso verarbeiten.

6. Die Küchlein auf einen Teller legen und mit Honig oder Zuckersirup beträufeln.

Konfekt zum Tee

DASIK

Vorbereitung: 30 Minuten

Ergibt etwa 20 Stück

15 g Kokosmehl plus 7 g Akazienhonig
15 g Kokosmehl plus 5 g Himbeergelee
20 g gerösteter, gemahlener schwarzer Sesam plus 8 g Akazienhonig
15 g getoastetes Sojamehl plus 10 g Akazienhonig
15 g Mehl aus Spalterbsen plus 10 g Akazienhonig (oder Fruchtgelee)
15 g Kiefern- oder Blütenpollen plus 10 g Akazienhonig

Sie brauchen insgesamt etwa 50 g Akazienhonig.

TIPP

Du kannst auch andere Mehle nach Wahl verwenden, z. B. aus Hafer oder Kichererbsen. Alle werden wie oben trocken geröstet.

Diese hübschen kleinen »Knöpfe« werden meist mit Getreidemehl zubereitet, manchmal auch mit Ölsaaten. Ihre interessanten Farben bekommen sie durch Zutaten mit natürlichem Farbstoff.

1. Soja- und Spalterbsenmehl separat bei sehr geringer Hitze in einer Pfanne ohne Fett etwa 10 Minuten rösten, dabei genau beobachten und regelmäßig rühren, damit nichts anbrennt. Sobald sich eine braune Färbung zeigt, häufiger rühren. Das geröstete Sojamehl nimmt eine honigartige Farbe an. Die gemahlenen Ölsaaten (Sesam, Kokos) separat zwischen 2 Lagen Küchenpapier verteilen und kräftig daraufdrücken, damit das Öl austritt.

2. Das Kokosmehl bei Bedarf mit dem Mixer feiner zerkleinern. Wenn der Geruch der Pollen zu stark ist, kann die Hälfte der Menge durch Kartoffelstärke ersetzt werden.

3. **Zubereitung der Masse:** Für 2 EL Soja- oder Spalterbsenmehl wird 1 EL Honig benötigt, für Mehle aus Ölsaaten etwas weniger. Das jeweilige Mehl mit dem Honig verkneten, bis eine gleichmäßige, feste Masse entsteht, die nicht an den Fingern klebt. Je nach Konsistenz mehr Mehl oder Honig zugeben.

4. **Formen:** Eine Dasik-Form mit dehnbarer Frischhaltefolie auslegen oder dünn mit Öl einpinseln. Die Masse in die Form geben, fest andrücken und wieder herauslösen. Alternativ kannst du Pralinenförmchen verwenden.

Kleine Hefepfannkuchen

HOTTEOK

Hotteok ist im Winter das beliebteste Streetfood. Koreaner lieben es, wenn heißer, süßer Sirup von den Fladen tropft.

1. Die Hefe mit 25 ml lauwarmem Wasser verrühren und 10 Minuten an einen warmen Platz stellen, um sie zu aktivieren.

2. Beide Mehle sieben. Alle Zutaten für den Teig in einer Schüssel verrühren, dann mit den Händen verkneten. Er ist etwas klebrig. Den Teig abgedeckt an einem warmen Ort gehen lassen.

3. Alle Zutaten für die Füllung in einer großen Schüssel vermischen und zur Seite stellen.

4. Wenn sich das Volumen des Teigs verdoppelt hat, eine Pfanne auf niedriger Stufe erhitzen und großzügig einölen.

5. Die Hände ebenfalls einölen. Eine hühnereigroße Portion Teig abstechen, in die Handfläche legen, die Mitte eindrücken und 1 EL Füllung hineingeben. Den Teig um die Füllung herum zur Kugel formen. Die Kugel in die Pfanne legen und 20 Sekunden braten, dann wenden und mit dem Pfannenwender flach drücken. Weitere 2–3 Minuten braten, bis der Hefekuchen goldbraun ist. Er kann während des Bratens mehrmals gewendet werden.

Vorbereitung: 20 Minuten
Wartezeit: 1,5 Stunden
Garzeit: 20 Minuten

Für etwa 10 Fladen (Ø 8 cm)

Teig
4 g Hefe
200 g Weizenmehl Type 550
40 g Mehl aus Klebreis
170 ml lauwarmes Wasser plus 25 ml für den Vorteig
Pflanzenöl
2 TL Zucker
½ TL Salz

Füllung
75 g Muscovado-Zucker
15 g fein gehackte geröstete Erdnüsse
½–1 TL gemahlener Zimt

Zubehör
Pfannenwender

Vorbereitung: 15 Minuten
Wartezeit: 2–3 Stunden

Für 4 Personen

1 l Vollmilch
50 g Puderzucker
400 g Erdbeeren
200–300 g gekühlte Kondensmilch
Minzeblätter (nach Belieben)

Zubehör
4 robuste Gefrierbeutel
Nudelholz

Zerstoßenes Eis mit Erdbeeren

TTALGI BINGSU

Diese Leckerei aus geraspeltem Eis ist im Sommer in Korea wortwörtlich in aller Munde. In vielen koreanischen Haushalten gibt es eine Maschine, mit der das Eis fein geraspelt wird, sodass es eine seidige Konsistenz erhält. Hier stelle ich ein Rezept vor, das ohne diese Maschine auskommt.

1. Die Servierschalen rechtzeitig ins Gefrierfach stellen, damit das Eis beim Servieren nicht zu schnell schmilzt.

2. Die Milch und den Zucker in eine große Schüssel geben und rühren, bis der Zucker aufgelöst ist. Die Mischung in 4 Gefrierbeutel füllen, die Luft herausdrücken und die Beutel dicht verschließen. Die Beutel flach ins Gefrierfach legen. Je nach Temperatur des Geräts entsteht innerhalb von 2–3 Stunden ein festes, aber noch etwas krümeliges Eis.

3. In der Zwischenzeit die Erdbeeren entstielen und in Stücke schneiden. In den Kühlschrank stellen.

4. Die Beutel mit gefrorener Milch nacheinander aus dem Gefrierfach nehmen, flach auf die Arbeitsfläche legen und mit dem Nudelholz darüberrollen, um das Eis zu zerstoßen. Wieder ins Gefrierfach legen.

5. Die Servierschüsseln aus dem Gefrierfach nehmen. Das zerbröselte Eis hineingeben, die Erdbeerstücke darauf anrichten und alles mit Kondensmilch übergießen. Nach Belieben mit Minze garnieren und sofort servieren.

TIPP

Das Rezept lässt sich endlos variieren. Du kannst andere Obstsorten wie Wassermelone, Mango oder Melone verwenden, aber auch kleine Süßigkeiten oder Kekskrümel.

Smoothie mit Reisbier und Banane

Kakipunsch mit Wintergewürzen

Tee aus geröstetem Getreide
Tee mit fermentierten Quitten

Vorbereitung: 5 Minuten
Einweichzeit: 1 Stunde
Garzeit: 45 Minuten

Ergibt 1,5 l

60 g frische Ingwerwurzel
60 g Zimtstangen
35 g brauner Zucker
65 g weißer Zucker
200–250 g getrocknete oder halb getrocknete Kakis
1 EL Pinienkerne
2,4 l Wasser

Kakipunsch mit Wintergewürzen

SUJEONG-GWA

Dieses kalte Getränk wird im Winter genossen. Ingwer und Zimt wirken wärmend, Zucker und getrocknet Kaki spenden Energie.

1. In einem Topf den Ingwer in 1,2 l Wasser bei mittlerer Hitze zugedeckt 25 Minuten ziehen lassen.

2. In einem anderen Topf den Zimt in 1,2 l Wasser bei mittlerer Hitze zugedeckt 35 Minuten ziehen lassen.

3. Beide Flüssigkeiten abseihen und zusammen in einen Topf geben. Den Zucker hinzufügen und die Mischung weitere 10 Minuten zugedeckt kochen. Abkühlen lassen, dann die Kakis hineingeben und alles in den Kühlschrank stellen.

4. In jede Tasse eine ganze oder halbe Kaki geben und mit dem Punsch auffüllen. Mit Pinienkernen bestreuen. Den Löffel zum Essen der Kaki nicht vergessen.

Smoothie mit Reisbier und Banane

BANANA MAKKOLI

Vorbereitung: 3 Minuten

Für 4 Gläser

1–3 kleine Bananen
750 ml Makkoli
100 ml Limonade (nach Belieben)

Makkoli **(auch: Makgeolli) ist eine Art Bier, das aus Reistrester hergestellt wird. Lange Zeit galt es als Alkohol der armen Leute, inzwischen gibt es eine aromatisierte Version mit geringerem Alkoholgehalt (4–6 %), die sehr beliebt ist. Viele Koreaner brauen ihr** ***Makkoli*** **sogar selbst.**

1. Die Bananen mit etwas Makkoli im Mixer pürieren, dann diese Mischung in das restliche Makkoli einrühren.

2. Der Fruchtanteil kann variiert werden. Wenn du alle 3 Bananen verwendest, wird daraus ein leicht alkoholhaltiger Smoothie. Mit nur einer Banane auf 750 ml Makkoli und 100 ml Limonade erhaltst du einen Cocktail mit höherem Alkoholgehalt.

3. Gekühlt servieren.

Vorbereitung: 10 Minuten
Wartezeit: 3 Wochen

Für ein Glas (500 ml Volumen)

250 g Quittenfruchtfleisch
250 g Akazienhonig

Zubehör
Gemüsehobel oder Küchenmaschine mit Hobeleinsatz

TIPP

Wer das Honigaroma nicht so gern mag, kann stattdessen 110 g Puderzucker verwenden.

Tee aus fermentierten Quitten

MOGWA-CHA

In dieser rohen Zubereitung bleibt das Aroma der Quitten gut erhalten, und durch die Fermentierung werden sie bekömmlicher.

1. Die Quitten in 1 mm dünne Scheiben hobeln und in einer Schüssel mit dem Honig mischen. 2–3 Minuten stehen lassen, damit die Quittenscheiben weicher werden.

2. Die Mischung in ein Glas füllen, Lufteinschlüsse herausdrücken, die Oberfläche glätten und das Glas dicht verschließen.

3. Die Mischung 1 Woche bei Zimmertemperatur und anschließend 2 Wochen an einem kühlen Ort (unter 15 °C) fermentieren. Die fermentierten Quitten sind dann mehrere Monate haltbar.

4. Zum Servieren 1–2 EL Fruchtfleisch und Honigsaft (oder nach Geschmack) in eine Tasse geben und mit heißem Wasser aufgießen.

Tee aus geröstetem Getreide

GOKMUL-CHA

Garzeit: 20–30 Minuten

Ergibt 1 l

50 g Vollkorngetreide (etwa Reis, Dinkel, Buchweizen, Gerste)
1,2 l Wasser

In Korea gibt es viele verschiedene Getreidetees. Der bekannteste ist Bon-Cha, ein Gerstentee. In Restaurants wird er oft schon serviert, bevor die Gäste ihre Bestellung aufgeben.

1. Das Getreide waschen und gut abtropfen lassen.

2. Eine Pfanne auf hoher Stufe erhitzen, das Getreide darin 1 Minute unter Rühren trocknen. Dann auf mittlere bis schwache Hitze herunterschalten und das Getreide unter Rühren rösten. Wenn das Getreide anfängt, braun zu werden und zu platzen, die Hitze noch weiter reduzieren. Die Körner sollen goldbraun sein. Auf einen Teller geben und abkühlen lassen.

3. 1 l Wasser in einen Topf geben und 4–5 EL geröstetes Getreide hinzufügen. Bei starker Hitze und geschlossenem Deckel zum Kochen bringen, dann die Temperatur reduzieren und den »Tee« weitere 10–15 Minuten köcheln lassen.

4. Heiß oder kalt servieren. Gut gekühlt ist dieser Tee im Sommer sehr erfrischend.

Online-Shops

- www.kimchi-passion.fr
- www.misikga.fr (épicerie fine coréenne)
- www.rizetco.com

Dank

Danke an Aurélie, meine Verlegerin, für ihr Vertrauen und ihre Unterstützung, und an das gesamte Verlagsteam, das an der Herstellung dieses Buches mitgewirkt hat

Danke an Sandra, meine Fotografin, für ihr Talent und ihre Effizienz.

Danke an Frau Mi-Young Song, Emmanuel Ferrand und Jérôme Glicenstein für ihre wertvolle Hilfe.

Und ein großes Dankeschön an alle, die mir Mut gemacht haben!

Über die Autorin

Luna Kyung ist Koreanerin und lebt in Paris. In diesem Buch verrät sie die kulinarischen Geheimnisse ihrer Heimat. Die koreanische Küche ist kreativ, aromatisch, die Rezepte sind einfach zuzubereiten und die Speisen sind außergewöhnlich gesund. Manche Gerichte kennst du vielleicht schon: Bibimbap, Bulgogi, Kimchi ... Entdecke in diesem Buch pikante, herzhafte und süße Gerichte mit Gemüse, mariniertem Fleisch, Getreide, Fisch und fermentierten Lebensmitteln. Außer den Rezepten findest du in diesem Buch Hintergrundinformationen über das Land, wertvolle Informationen zu koranischen Zutaten und Küchenutensilien sowie zahlreiche Tipps und Tricks für die Zubereitung. Du wirst sehen: Koreanisch kochen ist easy.

Bibliografische Information der Deutschen Nationalbibliothek
Die Deutsche Nationalbibliothek verzeichnet diese Publikation in der Deutschen Nationalbibliografie. Detaillierte bibliografische Daten sind im Internet über https://dnb.de abrufbar.

Für Fragen und Anregungen
info@m-vg.de

Wichtiger Hinweis
Ausschließlich zum Zweck der besseren Lesbarkeit wurde auf eine genderspezifische Schreibweise sowie eine Mehrfachbezeichnung verzichtet. Alle personenbezogenen Bezeichnungen sind somit geschlechtsneutral zu verstehen.

3. Auflage 2026

Türkenstraße 89
80799 München
Tel.: 089 651285-0

Übersetzung: Wiebke Krabbe
Redaktion: Anna Gülicher-Loll
Umschlaggestaltung: Karina Braun
Umschlagabbildung: Sandra Mahut, Shutterstock.com/Amovitania, Vasilenko Mariia
Layout: Johanna Fritz, Carsten Klein
Satz: Carsten Klein, Torgau
Druck: Balto Print UAB, Litauen
Printed in the EU

ISBN Print 978-3-7423-2256-2
ISBN E-Book (PDF) 978-3-7453-2044-2
ISBN E-Book (EPUB, Mobi) 978-3-7453-2045-9